AF476303

FACULTÉ DE DROIT DE L'UNIVERSITÉ DE PARIS

LE

MONOPOLE POSTAL

PAR

Léon CAZES

THÈSE POUR LE DOCTORAT
PRÉSENTÉE ET SOUTENUE
Le vendredi 8 juin 1900, à 1 heure

Président : M. LARNAUDE, *professeur.*
Suffragants MM. ALGLAVE, BERTHÉLEMY *professeurs.*

Le Candidat répondra, en outre, aux questions qui lui seront posées sur les autres matières de l'enseignement.

PARIS
V. GIARD & E. BRIÈRE
LIBRAIRES-ÉDITEURS
16, Rue Soufflot, 16
1900

THÈSE

POUR

LE DOCTORAT

La Faculté n'entend donner aucune approbation ni improbation aux opinions émises dans les thèses ; ces opinions doivent être considérées comme propres à leurs auteurs.

FACULTÉ DE DROIT DE L'UNIVERSITÉ DE PARIS

LE
MONOPOLE POSTAL

PAR
Léon CAZES

THÈSE POUR LE DOCTORAT
PRÉSENTÉE ET SOUTENUE
Le vendredi 8 juin 1900, à 1 heure

Président : M. LARNAUDE, *professeur.*
Suffragants { MM. ALGLAVE, BERTHÉLEMY } *professeurs.*

Le Candidat répondra, en outre, aux questions qui lui seront posées sur les autres matières de l'enseignement.

PARIS
V. GIARD & E. BRIÈRE
LIBRAIRES-ÉDITEURS
16, Rue Soufflot, 16

1900

LE
MONOPOLE POSTAL

INTRODUCTION

La Poste a dans la vie des nations et dans la marche de la civilisation un rôle dont l'importance grandit tous les jours.

Ses attributions, d'abord limitées au transport des messagers du souverain et à la transmission de ses dépêches, ont eu ensuite pour objet le transport des correspondances privées, et ont pris, au XIXe siècle surtout, une extension très grande, constituant aujourd'hui l'un des services les plus importants de tout Etat civilisé.

I. — Attributions de la Poste.

La plus ancienne des attributions du service des Postes est le transport des correspondances officielles. C'est pour cet objet que furent créées les postes (édit du 19 juin 1464, art. 27).

En étudiant ci-après l'histoire du monopole de la poste nous verrons comment le service s'est étendu aux correspondances des particuliers : lettres, cartes postales, cartes-lettres, papiers d'affaires, journaux et imprimés de toute nature, échantillons de marchandises.

Outre ces attributions primitives, un grand nombre d'autres sont aujourd'hui confiées à l'Administration, quoique n'ayant aucun rapport avec le service postal proprement dit. L'ubiquité des services postaux se prêtait admirablement au but cherché, celui de servir l'intérêt du plus grand nombre possible de citoyens.

Ces attributions sont :

a). — La transmission d'articles d'argent, de valeurs, d'objets précieux (Règlement du 16 octobre 1627 ; Déclaration royale du 8 décembre 1703 ; Loi du 22 août 1791 ; Règlement du 24 février 1817 ; Lois du 4 juin 1859, du 4 juillet 1868, du 25 janvier 1873, du 28 juin 1882).

b). — L'abonnement aux journaux et publications périodiques (Loi du 12 vendémiaire an IV ; arrêté des consuls du 19 frimaire an X ; Loi du 5 avril 1879).

c). — La fabrication des timbres-poste.

d). — Le recouvrement des valeurs commerciales ou autres (Lois du 5 avril 1879 et du 17 juillet 1880) et des sommes dont sont grevés les envois contre remboursement (Loi du 20 juillet 1892).

e). — Le transport et la remise aux destinataires des

colis-postaux (colis de 3, 5 et 10 K^{os}) soit par la poste elle-même, soit par l'intermédiaire des compagnies de chemins de fer ou autres entreprises de transports. (Lois du 3 mars 1881, des 12 et 13 avril 1892).

f). — Le service des postes gère la Caisse nationale d'Epargne (Loi du 9 avril 1881).

g). — Il reçoit pour le compte de la Caisse des dépôts et consignations les versements aux caisses d'assurances en cas de décès, et d'accidents (Loi du 11 juillet 1868 ; décrets du 10 août 1868 et du 13 août 1877), et les versements à la Caisse nationale des retraites pour la vieillesse (Loi du 20 juillet 1886; décret du 28 décembre 1886).

h). — Il y a encore d'autres concours prêtés à des administrations voisines : Vente de timbres-quittances (arrêté ministériel du 11 mai 1889) ; remise de sommations avec frais aux débiteurs des contributions directes (Loi du 13 avril 1898).

Une disposition spéciale au département de la Corse charge le service postal de la perception des droits sur l'alcool (arrêté du ministre des Finances du 27 janvier 1898).

Avec les postes et les autres services que nous venons de citer l'Administration a dans ses attributions les services de transmission rapide des correspondances par télégraphe, téléphone, etc. :

a). — Etablissement des lignes électriques utilisées pour la transmission des signaux (Décret-loi du 27 décembre 1851).

b). — Transmission ou échange des correspondances par signaux, c'est-à-dire :

1° Les correspondances télégraphiques (Décret du 26 juillet 1793; lois du 2 mai 1837 et du 29 novembre 1850) ;

2° Les correspondances sémaphoriques avec les navires en mer (Loi du 27 mai 1863) ;

3° Les correspondances par la voie pneumatique (Décret du 25 janvier 1879) ;

4° Les correspondances téléphoniques (arrêté ministériel du 26 juin et décret du 1er mai 1891).

c). — Instruction des demandes d'installation de lignes télégraphiques ou téléphoniques d'intérêt privé et de lignes de transport d'énergie électrique et contrôle de ces installations (Décret-loi du 27 décembre 1851 ; loi du 25 juin 1895).

La plupart de ces attributions sont exercées par les offices postaux des pays étrangers.

Remarquons toutefois que la poste ne reçoit pas les abonnements aux journaux dans un assez grand nombre d'Etats : Angleterre et la plupart de ses colonies, Etats-Unis, Espagne, Russie, Grèce, Japon, etc.

D'un autre côté certains offices étrangers ont des fonctions que n'a pas la poste française, telles que :

Vente de journaux par les bureaux de poste (Allemagne) ;

Délivrance de permis de pêche ; paiement de coupons ; vente de papiers timbrés (Belgique) ;

Transport des articles de messagerie (Autriche, Danemark, Russie, Suisse) ;

Transport des voyageurs (Allemagne, Autriche, Suisse) ;

Services de banque (Autriche et Hongrie);

Placement (Grand duché du Luxembourg).

Ces deux dernières fonctions méritent quelques détails.

Service de chèques et de clearing.

(AUTRICHE)

Cette branche du service est rattachée à la Caisse d'Epargne qui l'administre à part.

Tous les bureaux de poste Autrichiens peuvent recevoir des versements pour le compte et au profit de quiconque participe au service de chèques et *clearing*. Tout participant peut faire assigner, au moyen d'un chèque, une partie de son avoir à une personne ou à une raison sociale quelconque ; il peut aussi en faire faire le transfert sur le compte d'un autre participant.

L'administration de la Caisse d'Épargne autorise, moyennant dépôt d'un premier versement, la participation au services de chèques, avec ou sans participation au service de *clearing*, et ouvre à chaque participant un compte spécial.

Aussi longtemps que le titulaire du compte-courant participe au service le montant de son premier versement reste déposé à l'administration de la Caisse d'Epargne.

La loi réserve la faculté de dénonciation tant aux participants qu'à l'administration. En cas de dénonciation de la part du participant, le remboursement de son premier versement a lieu au plus tard quinze jours après la notification de la dénonciation.

L'admission à participer au service de chèque et *clearing* est facultative pour l'administration : elle peut se refuser à accueillir telle ou telle demande, et cela sans être tenue de faire connaître le motif de sa décision. C'est là une disposition singulière dans l'organisation d'un service public ; mais l'objet même de ce service qui fait double emploi avec les banques et fonctionne dans des conditions analogues rend acceptable une faculté à première vue exorbitante.

Le montant du premier versement est de 100 florins ; mais ce chiffre peut être modifié par décret. Au cas où l'ensemble des opérations du déposant viendrait par la suite à dépasser un maximum déterminé, la caisse pourrait demander le versement d'un supplément.

C'est dans les limites d'un maximum de 2 pour cent que le gouvernement peut fixer l'intérêt des sommes déposées ; il peut aussi décider qu'il ne sera pas servi d'intérêts à tout ou partie des dites sommes, notamment au premier versement.

Les intérêts partent du 1er ou du 16 qui suit l'inscription des sommes au compte et s'arrêtent au 15 du mois dans lequel le retrait a lieu. Au dessous de 1 florin les montants ne sont pas productifs d'intérêts. Comme pour la Caisse d'Epargne, les intérêts produits s'ajoutent chaque année au capital et deviennent à leur tour productifs d'intérêts.

Une partie des sommes versées à la Caisse doit toujours être par celle-ci tenue disponible. L'autre partie est placée à intérêt pour assurer l'accomplissement des obligations du service.

Il peut être fait les placements suivants :

Achat d'obligations sur hypothèque partielle ; dépôt dans les banques en compte-courant ou à courte échéance ; prêts sur titres de la dette d'Etat unifiée ou de la dette d'Etat des royaumes et pays représentés au Reichsrath, sur valeurs autrichiennes acceptées en gage par la Banque Austro-Hongroise, sur actions et lettres de gage de la Banque Austro-Hongroise ; escompte de coupons des valeurs qui viennent d'être mentionnées, de lots de la loterie d'Etat, de bons de restitution d'impôts, de traites déjà escomptées par une banque, Caisse d'épargne, association enregistrée de prêts ou de crédit ; achat de titres d'Etat, de lettres de gage et d'obligations de priorité répondant aux conditions des titres sur lesquels les prêts sont autorisés.

L'échéance des prêts, des valeurs et traites pouvant être escomptées est fixée à 3 mois au maximum.

Le ministre des Finances donne son avis sur le choix des valeurs à acheter ou qu'on pourra accepter en gage de prêts, sur la fixation du montant des prêts, sur les établissements avec lesquels l'administration de la Caisse d'Epargne pourra entrer en relations en vue des placements autorisés.

Exemption de tous droits, y compris le droit de timbre, est accordée aux opérations suivantes :

Déclarations que le tireur d'un chèque est obligé d'ajouter, telles que celles déclarant une tierce personne bénéficiaire des sommes tirées ; pouvoirs délivrés à la Caisse d'Epargne ; quittances concernant les opérations effectuées entre l'Administration et les participants ; extraits des comptes-courants remis à ceux-ci.

L'Administration des Postes perçoit pour la participation au service de chèques et *clearing*, outre le prix des formules mises à la disposition des participants, les droits suivants :

1° Un droit de 2 kreutzer pour chaque écriture dans les comptes, (chèques, dépôts, etc.).

2° Une provision de 1/4 0/00 du débit de compte ne dépassant pas 3000 florins et de 1/8 0/00 des débits de comptes au-dessus de ce chiffre.

Ce droit de provision ne s'applique pas :

aux inscriptions débitant le compte d'un participant ;

aux sommes expédiées par mandat-poste par les soins du bureau central des Caisses d'épargne ;

aux sommes déduites par l'achat des titres d'Etat pour le compte des participants ;

aux droits et provisions déduits au profit du bureau central des caisses d'épargne.

L'Administration perçoit les droits ci-dessus en les inscrivant au débit des participants.

Il est formé pour le service un fonds de réserve

qui comporte le 5 0/0 des sommes dues aux participants.

Toute réclamation relative aux dépôts, chèques, mandats, retraits de fonds, versements, intérêts, droits, etc., doit être présentée dans un délai de trois ans, temps pendant lequel sont conservés les comptes clos.

Pour le service de chèques et *clearing* les bureaux de poste bénéficient de remises ou indemnités semblables à celles qui leur sont accordées pour le service de la Caisse d'Epargne : 1/4 de kreutzer pour chaque somme déposée et 5 kreutzers pour chaque livret délivré.

La poste de HONGRIE a aussi dans ses attributions un service de chèques et *clearing* qui fonctionne à peu près comme en Autriche.

Certains bureaux de ce pays sont chargés d'opérations toutes spéciales : oblitération des timbres sur les formules de lettres de change, vente des billets de chemins de fer dits de zone, observations météorologiques (quantité de pluie ou de neige, température, hauteurs barométriques etc).

Placement.

(LUXEMBOURG).

L'administration des Postes du grand duché de Luxembourg, s'occupe du placement des ouvriers et employés. Un arrêté du 19 novembre 1892 réglemente l'organisation et le fonctionnement de ce service.

C'est une sorte de Bourse du Travail comprenant une organisation générale s'étendant à tout le duché et un service particulier à chacun des bureaux de poste.

Tout ouvrier ou employé cherchant du travail peut adresser une demande soit au bureau central de Luxembourg-ville soit à tout autre bureau de poste. Il peut soit se présenter en personne, soit adresser une carte postale spéciale qui prévoit les indications à fournir.

Il en est de même en ce qui concerne les patrons cherchant des ouvriers ou des employés.

Le bureau de poste particulier doit dresser un tableau des offres et des demandes d'emplois et l'afficher à son guichet. Il doit aussi en adresser un exemplaire à la Direction des Postes de la capitale.

Celle-ci le porte sur un registre. Un tableau général est dressé et envoyé à tous les bureaux de poste qui doivent l'afficher. Ce tableau est en outre placardé dans toutes les stations de chemins de fer du Grand Duché et dans un très grand nombre d'établissements privés : hôtels, cafés, etc.

Des cartes-postales circulant en franchise sont mises à la disposition des intéressés pour prévenir du retrait de l'offre ou de la demande.

Aucun renseignement n'est pris par cette sorte de Bourse du Travail. Elle ne se charge pas de mettre en rapport les employeurs et les employés.

Aussi cette organisation ne fait pas disparaître les autres bureaux de placement.

Elle a néanmoins une assez grande utilité. Les chiffres des deux premières années de fonctionnement en sont la preuve. En 1893 il y eut 898 demandes et 1674 offres satisfaites ayant trait à 2054 ouvriers ; en 1894 : 793 demandes, 1825 offres ayant trait à 2360 ouvriers (1).

Nous ne voulons pas étudier les nombreuses attributions du service de la poste, mais seulement celles qui constituent pour l'Etat un monopole.

II. — Le monopole postal.

Le mot *monopole*, du grec *monos* (seul), et *polein* (vendre), au sens économique veut dire, non seulement l'avantage de vendre seul, mais encore celui d'exclure la concurrence et par conséquent d'imposer au produit un prix arbitraire.

Il y a deux sortes de monopoles : les monopoles publics et les monopoles privés.

Le monopole privé est « l'abus de la faculté qu'on s'est procurée de vendre seul des marchandises, des denrées dont le commerce devait être libre. Il se dit aussi de toutes les conventions iniques que les marchands font entre eux dans le commerce pour altérer ou enchérir de concert quelque marchandise » (2).

1. *Labour-Gazette*, août 1894. — *Bulletin de l'Office du Travail*, mars 1895. — *Organisation postale interne des pays de l'union postale*.

2. MERLIN, *Rép. de Jurisp.* t. II, p. 243.

Aussi cette sorte de monopole est toujours réprouvé. Il n'en est pas de même des monopoles publics dont l'existence est motivée par l'intérêt général. Parmi ceux-ci, les uns sont créés par l'Etat par raison financière : monopole du tabac, des allumettes, de l'alcool ; d'autres par raison de sécurité publique : poudre de chasse.

Le monopole de la poste ne rentre pas dans ces deux catégories. Sa raison d'être fut autrefois (nous le verrons par la suite) la sécurité de l'Etat ; cette raison n'existe pas aujourd'hui. La poste n'a pas non plus pour but de procurer des ressources à l'Etat. Le transport de la correspondance n'est pas matière imposable : un tel impôt entraverait la production intellectuelle et économique.

C'est en vue de l'utilité générale, c'est comme service public qu'est établie la poste. Ce serait donc d'après le prix de revient de ce service que devraient être établies les taxes postales.

Ce but d'utilité générale ne pourrait-il pas être atteint par des administrations privées ? Quelques économistes l'ont soutenu. Mais c'est une opinion restée isolée et on ne conteste plus guère à l'Etat le droit d'exclure la concurrence privée. « Il est un monopole public, dit un de nos savants maîtres, qui se justifie tout spécialement à cause des inconvénients que présenterait la concurrence, c'est celui des postes, télégraphes et téléphones. On voit bien quel inutile dédoublement, tant pour le personnel que pour le matériel, résulterait de la concurrence si le transport des dépêches cessait d'être un service public ;

on aperçoit aussi quelles difficultés se produiraient pour la formation d'unions postales internationales. Il est au contraire impossible de dire en quoi la concurrence vaudrait mieux que le monopole... » (1).

Notre but n'est pas de pousser plus loin la justification de ce monopole, ni d'en indiquer les conséquences.

Tout autre est l'objet de notre étude : ce sera d'abord l'histoire du monopole postal, son origine et son évolution ; dans une deuxième partie la législation du monopole postal en France ; et enfin le monopole postal à l'étranger.

1. CAUWÈS. *Economie politique*, I, p. 199.

PREMIÈRE PARTIE

Histoire du monopole postal

CHAPITRE PREMIER

Antiquité

Lorsque de grands Empires se sont formés, lorsque la conquête a réuni sous un même souverain de vastes territoires, il est devenu nécessaire de créer des relations entre le conquérant et ses lieutenants, entre le souverain et les gouverneurs des provinces. Cette nécessité d'ordre moins économique que politique donna naissance aux premiers établissements de postes. Ces établissements, mentionnés tant dans l'histoire sacrée que dans l'histoire profane, ne ressemblent nullement à la Poste telle qu'elle existe de nos jours chez tous les peuples civilisés : le rôle principal de la poste moderne est de donner satisfaction à des besoins économiques, et son rôle politique n'apparaît que de façon secondaire.

L'histoire de la poste nous montrera la longue persistance de son caractère politique, son évolution et l'éclosion relativement récente de son caractère économique.

La chronique sacrée parlant de la reine Jésabel dit qu' « elle écrivait des lettres sous le nom d'Achab, les cachetait avec son sceau et les envoyait aux anciens et aux nobles de la ville. »

Le livre d'Esther (VIII et IX) nous apprend aussi qu'Assuérus roi des Perses pour révoquer les mesures de rigueur prises contre les Hébreux envoya dans les provinces de nombreux courriers porteurs de ses ordres.

C'étaient là des moyens de communication accidentels; rien n'y indique une organisation permanente.

Les Postes chez les Perses.

Les premières postes régulières dont l'histoire nous ait conservé le souvenir furent établies dans l'Empire des Perses par Cyrus qui, pendant une expédition contre les Scythes, afin d'avoir des nouvelles rapides, fit établir à des intervalles réguliers des relais avec des chevaux toujours prêts.

La description de cette poste primitive nous est donnée par Xénophon dans le passage suivant :

« Nous connaissons encore une invention de Cyrus fort utile pour l'immensité de son empire et au moyen de laquelle il était promptement informé de tout ce qui se passait dans les contrées les plus éloignées. S'étant rendu compte de la distance qu'un cheval peut parcourir en un jour sans être excédé, il fit construire sur les routes des écuries distantes entre elles de ce même intervalle et y fit mettre des chevaux et des gens chargés de les soigner. Sur chacun de ces points il devait y avoir un homme intelligent pour recevoir les lettres apportées par un courrier, les remettre à un autre courrier, prendre soin des hommes et des chevaux qui arrivaient fatigués et subvenir aux frais. Parfois la nuit ne retarde pas la marche des courriers : celui qui a couru le jour est remplacé par un autre qui se trouve prêt à courir la nuit. Aussi a-t-on dit d'eux que les grues ne feraient pas aussi vite le même chemin. S'il y a de l'exagération dans cette comparaison on peut du moins affirmer qu'il n'est pas au pouvoir de l'homme de voyager plus rapidement sur terre (1). »

Un autre historien ancien nous montre Xerxès, un des successeurs de Cyrus, se servant du même moyen pour envoyer ses messages : « Après la défaite de Salamine, Xerxès expédia un courrier en Perse pour y porter la mauvaise nouvelle. Rien n'est plus expéditif que le mode de transmission des messages employé et inventé par les Perses. Sur chaque route sont échelonnés de distance en distance et par chaque journée de marche des relais

1. Xénophon, *Cyropédie*, VIII, 6.

d'hommes et de chevaux toujours prêts à partir. Ni la neige, ni la pluie, ni la chaleur, ni la nuit ne doivent empêcher les courriers de remplir leur office et de le faire avec toute la célérité possible. Le premier courrier remet ses dépêches au second, celui-ci au troisième. Ces ordres passant ainsi de l'un à l'autre rappellent quelque peu la fête des Lampes ou le flambeau passe de main en main lors des fêtes de Vulcain » (1).

Ces relais d'hommes et de chevaux étaient appelés *angaries* (*angareïon*).

Parmi les moyens actuels de communication rapide l'emploi des pigeons voyageurs est le moyen le plus commode chaque fois qu'il est impossible de se servir du télégraphe ou du téléphone. S'il faut en croire Juste-Lipse, les Perses auraient fait usage d'un moyen de communication semblable, se servant, non de pigeons, mais d'hirondelles : « On les transportait loin du nid où elles étaient nées, du nid où elles avaient couvé. Là on peignait sur leurs plumes certains signes, puis on les rendait à la liberté. Elles retournaient au lieu d'où on les avait prises et le message arrivait avec elles ».

Ce ne furent pas là les seules formes que revêtit la poste primitive des Perses. Les relais créés par Cyrus furent plus tard remplacés par de hautes tours au haut desquelles on allumait pendant la nuit des feux servant à faire

1. HERODOTE, *De Uraniâ*, VIII,

des signaux (1). La télégraphie optique, on le voit, est d'invention très ancienne.

Ces institutions créées pour des nécessités militaires ou gouvernementales durent exister partout où se rencontrèrent ces nécessités. L'*Egypte* ancienne eut certainement des postes régulières. Le passage suivant de Diodore de Sicile en est la preuve :

« Après s'être levé dès l'aube, le roi recevait lui-même les dépêches venues de toutes les parties du royaume afin d'être en mesure de traiter et de régler toutes les affaires le plus sagement possible après avoir pris une connaissance exacte de tout ce qui se passait dans ses Etats ».

Les empereurs chinois, les khans de Tartarie, au dire de Marco Polo, avaient depuis très longtemps un service régulier des postes.

Cette poste d'Etat primitive rendait-elle quelques services aux particuliers? Il est difficile de le préciser. Il est probable que les messagers privés et les voyageurs pouvaient user de l'asile offert par les stations et que ces stations elles-mêmes ne différaient pas beaucoup des lieux de refuge ou de repos établis pour les caravanes sur les routes ordinairement fréquentées jusqu'au milieu des déserts (2).

1. LEQUIEN DE LA NEUVILLE. *Usage des postes.*
2. A. DE ROTHSCHILD. *Histoire de la poste aux lettres.*

La poste chez les Grecs.

Aucun document ne nous révèle une institution semblable à celle des Perses. La Grèce était composée de républiques petites et nombreuses. La vie type est la vie de la cité : chacune de ces petites républiques se suffit à elle-même ; c'est une économie purement locale. Ce n'est que par accident que des messages devaient être envoyés ; et chaque Etat avait pour cela ses messagers particuliers. C'étaient des fonctionnaires aux ordres de l'administration de la cité ; ils ne devaient transporter que les dépêches relatives au service du gouvernement.

Mais, vu l'importance parfois très grande de la mission de ses envoyés, les Grecs, peuple avisé, durent prendre des mesures pour que fussent tenus secrets les messages confiés aux courriers : celui-ci écrit son message sur une bande enroulée autour d'un bâton, son correspondant seul, qui a un bâton semblable autour duquel il enroule la bande reçue, peut lire la lettre ; celui-là enferme le message dans le corps d'un lièvre ; cet autre rasant la tête de son esclave y trace des caractères, laisse aux cheveux le temps de repousser et envoie l'esclave à son correspondant, celui-ci n'a qu'à raser la tête de l'esclave pour lire le message ; Pausanias (1). emploie un moyen plus

1. Cornelius Nepos, *Pausanias*, IV.

rapide mais moins humain : le message donne ordre de mettre à mort le porteur.

Il est vraisemblable que plus tard le roi Philippe de Macédoine, si bien informé, d'après Démosthène, de tout ce qui se passait en Grèce, et surtout Alexandre, dont l'Empire fut si vaste, durent avoir un service de postes régulièrement organisé, probablement semblable à celu des Perses. A ce sujet les documents font défaut, mais il est permis de penser que les mêmes nécessités, le même besoin de centralisation amenèrent la création de rouages analogues qui durent du reste disparaître avec le démembrement de l'empire d'Alexandre.

Les postes Romaines.

Pendant longtemps Rome n'eut pas d'institution destinée à la mettre en communication avecles pays éloignés. L'absence de commerce, la vie purement locale ne faisaient point une nécessité d'être en relations régulières avec d'autres cités. Ce fut seulement lorsque la conquête eut étendu très loin les limites de la domination romaine que se fit sentir le besoin de créer des moyens de communication entre Rome et les parties les plus éloignées de l'Empire, entre le pouvoir central et les délégués de ce pouvoir dans les provinces.

Cette nécessité d'ordre purement politique fut l'origine des postes romaines et cette origine marqua le caractère qu'elles conservèrent jusqu'à la fin. « Ce n'était pas assez pour le gouvernement monarchique d'avoir sur tous les points d'occupation militaire, des bras armés et obéissants *(castra legionum, præsidia)* et, en tous lieux des yeux qui veillaient sans cesse (*speculatores, frumentarii*), s'il ne liait toutes ces activités au centre par des communications rapides. Rapprocher ainsi les distances, c'était multiplier la puissance du souverain en proportion de la vitesse des rapports de commandement et de subordination. Il fallait qu'il fût instruit à chaque instant de ce qu'il devait savoir, et qu'il pût ordonner sans délai, dans l'endroit menacé ce qu'il fallait faire; Auguste créa les postes » (1).

L'idée de cette création lui vint-elle des Perses ou des successeurs d'Alexandre ? On serait tenté de le penser à voir la ressemblance qu'il y eut dès l'origine entre la poste d'Auguste et la poste des Perses décrite par Hérodote et Xénophon. Cependant les améliorations graduelles de l'institution font plutôt croire le contraire. Les mêmes circonstances, les mêmes nécessités politiques ont amené l'emploi des moyens semblables.

Quoi qu'il en soit de cette question voici quelle fut la première organisation des postes par Auguste. Ce furent d'abord des coureurs à pied disposés de distance en distance sur les routes et se transmettant de l'un à l'autre les messages impériaux : « Et quo celerius ac sub manum « annunciari cognoscique posset quid in provinciâ quâque

1. Naudet. *Les postes chez les Romains*. Ac. I. et B.-L., t. 23.

« gereretur, juvenes primò modicis intervallis per mili-
« tares vias... disposuit » (1).

Parfois le même messager faisait tout le chemin.

Mais la transmission des ordres par le moyen des piétons était forcément très lente. La création de relais de chevaux sur toutes les routes importantes de l'Empire donna un moyen de communication plus rapide entre Rome et les provinces : « Quo circà nihil imperatorem Romanum « opus est imperium totum miserè pervagari... cùm pos- « sit orbem totum commodissimè per epistolas regere, « quœ mox ut scripta sunt, velocissimè tanquam ab avi- « bus deferuntur (2).

Les relais de postes furent établis sur les grandes voies de l'Empire : *viœ publicœ*, *regiœ*, *consulares*, *militares*. Les distances d'un relai à un autre variaient entre huit et dix milles (soit environ entre 2 lieues 2/3 et 3 lieues 1/3).

Ces relais étaient de plusieurs sortes :

1° Les *mutationes* étaient de simples stations de changement ; ces stations avaient des écuries contenant en général une vingtaine de chevaux.

2° Les *mansiones* avaient un nombre de chevaux deux fois plus grand et se composaient, outre les écuries, de bâtiments servant d'entrepôts de fourrages, d'ateliers pour la réparation des véhicules ; des ouvriers étaient atta-

1. SUÉTONE, *Aug.*, 49.

2. ARISTIDE, t. III, *Oratio ultima* ; cité par DE LA MARE, *Traité de la police*.

chés à ces stations pour les réparations. Il y avait enfin une sorte d'hôtellerie servant d'asile aux courriers et aux soldats et où pouvaient s'arrêter et se restaurer les voyageurs autorisés à se servir de la poste impériale.

3° Les *civitates* étaient probablement des *mansiones* d'une importance plus considérable. Elles étaient considérées comme un prolongement de la cité, de Rome, et jouissaient des privilèges des colonies romaines.

Un personnel nombreux était attaché au service des postes. Outre les courriers il y avait : les postillons (*catabulenses*) accompagnant les courriers ; les *stratores* chargés des écuries, de la litière, du harnachement ; les cochers ou muletiers (*muliones*) ; les palefreniers (*hippocomi*) ; les charrons et autres ouvriers (*carpentarii, opifices*). La plupart de ces préposés étaient esclaves publics et ne pouvaient quitter leurs fonctions à volonté.

Il en était de même en une certaine mesure des chefs de relais (*præpositi*). Ils étaient liés à leurs fonctions pendant cinq ans et ne pouvaient s'absenter plus de trente jours sans encourir la peine capitale. A cause de cette dépendance on les appelait *mancipes*.

Les postes romaines avaient plusieurs sortes de services : le service à cheval (*equi singulares*) pour les messages les plus rapides, et le service par véhicules. Ces véhicules étaient de plusieurs sortes : *rheda* (malle poste), *vereda* (carriole légère), *carpentum* (voiture couverte à deux roues), *birota* (voiture lourde à deux roues), *clabula* (chariot pour les approvisionnements).

Ce personnel et ce matériel assuraient le fonctionnement : 1° de la course rapide (*cursus velox*) ou poste proprement dite ; 2° de la course pesante ou de charrettes (*cursus clabularis*) ou roulage ; celle-ci employait souvent des mulets, des ânes ou des bœufs.

Le *cursus publicus* ainsi établi fonctionnait au moyen de réquisitions et de corvées. Les magistrats des villes devaient fournir les chevaux, les voitures, les fourrages ; des corvées étaient en outre imposées aux habitants pour la construction et l'entretien des routes et des stations. Ces corvées et réquisitions s'appelaient *parangariæ*, c'est-à-dire relatives aux *angariæ* (transmission et transport des dépêches). Le souverain en accordait l'exemption aux personnes qu'il voulait privilégier, tout comme dans l'ancienne France on exemptait de corvée ou d'impôts.

Tant que ces réquisitions furent irrégulières les abus durent être considérables. Les réquisitions arbitraires et les exactions de toutes sortes attirèrent l'attention des successeurs d'Auguste et l'empereur Adrien s'attacha à rendre ces corvées régulières : « Cursum fiscalem instituit, ne magistratus hoc onere gravarentur ». (Spartien, *Adrian*, c. VIII). Sous Dioclétien les postes sont entretenues par les cités sous les ordres et le contrôle des officiers de César ; mais les gens des campagnes furent protégés contre les réquisitions arbitraires.

Le Digeste dans l'énumération des charges municipales cite « la manutention des postes, la construction et la réparation des bâtiments où elles sont placées » (Dig., l IV, *de muner. et hon.*, l. 18, § 21).

L'administration des postes de l'Empire comprenait un service de direction et un service d'inspection.

Le ressort central du service était à Rome en la personne du préfet du prétoire. C'était l'autorité gérante et pourvoyeuse. Sous les ordres du préfet du prétoire, les vice-préfets dans les diocèses, les gouverneurs dans les provinces sont chargés de garnir les écuries, entretenir le matériel, remplir les magasins. Ce sont les gouverneurs des provinces qui désignent les chefs de relais à nommer ; à une certaine époque ils les nomment eux-mêmes. Ces chefs de relais sont sous la surveillance et l'autorité des gouverneurs qui ont pouvoir de leur accorder des permissions de s'absenter, qui ont droit de les réprimander et de les punir.

Au service de direction était joint un service d'inspection, celui-ci sous les ordres du maître des offices ou ministre de la police générale de l'Empire. Les inspecteurs chargés de la surveillance des postes étaient appelés *curiosi* ; il y en avait un pour la préfecture du prétoire et deux pour chaque province. Ces envoyés du service central étaient chargés du contrôle de la délivrance et de l'usage des brevets et en général de la surveillance du service des postes impériales (*C. Theod., de curiosis*, VI, 29, l. 2, 6, 7). Ils pouvaient au besoin se faire assister de la force armée.

Ils répondirent mal à ce qu'on attendait d'eux ; aussi

on réduisit d'abord leur nombre, puis on les supprima.

Tel était le service des postes sous l'Empire Romain : le pouvoir impérial ordonnant et gérant ; les pouvoirs locaux agents d'exécution.

Usage des postes. — Ainsi organisée et administrée à qui et à quoi servait la poste impériale ? C'est ce qui nous reste à examiner. Et c'est un point très intéressant ; car voici la première forme de monopole postal.

Au pouvoir impérial seul était réservé l'usage des postes. Instituées pour l'usage du souverain, destinées à porter ses ordres aux extrémités de l'Empire et à recevoir les rapports des gouverneurs de provinces, les postes Romaines n'avaient nullement le caractère qu'a pris la poste moderne. Le rôle économique de l'institution n'apparaît point. C'est un instrument de gouvernement, tout comme plus tard sous Charlemagne, sous Louis XI en France et sous Cromwell en Angleterre. Mais du moins ceux-ci, ayant organisé la poste pour leur usage, en supportaient les frais ; tandis que les sujets de l'Empire Romain supportaient tout le poids de l'institution sans jouir de ses avantages.

Il est probable que les particuliers tentèrent souvent d'employer les postes impériales puisque nous voyons à maintes reprises les empereurs réitérer leurs interdictions à ce sujet (1). Julien interdit sous les peines les plus sévères d'employer la poste pour le service des personnes

1. *Code Théod.*, VIII, 5, l. 8, a. 357. *C. Just.* XIII, 51, l. 3.

privées quelle que fût leur noblesse. Et Théodose le Grand déclare nulle toute permission qui aurait été obtenue de s'en servir : « *Nullus evectione utatur privatus tametsi valuerit impetrare* » (1). Etaient seuls autorisés à se servir des postes les agents impériaux en mission, les officiers militaires supérieurs, les vice-préfets et les gouverneurs supérieurs de province lorsqu'ils se rendaient à leur destination, mais non plus une fois qu'ils y étaient arrivés ; puis le préfet de la ville dans un intérêt public ; les députés du Sénat de Rome ; les ambassadeurs des nations étrangères ; les députés des villes, à condition que l'objet de la députation fût assez important. Toutes ces personnes voyageaient pour le service du prince.

Etait également considéré comme service impérial le transport des contributions, des approvisionnements de la maison de l'empereur et c'est par les postes que se faisaient ces transports.

« Par là, dit Cassiodore au sujet de l'emploi des postes, est assurée l'utilité des députations des villes et la célérité de nos messages et de nos décrets. Par là s'exécutent les ordres de nos ministres qui président aux divers départements des finances. Par là aussi notre époque s'enrichit de rentrées fréquentes » (2).

Les postes Romaines n'étant pas destinées au transport des correspondances privées, par quel moyen les parti-

1. *Code Théod.*, VIII, 5. l. 44, a. 384.

2. Cassiodore, *Var.*, 5 (cité par Naudet).

culiers envoyaient-ils leurs lettres ? La volumineuse correspondance que nous ont laissée les Cicéron, les Pline et les Sénèque, comment parvenait-elle à destination ?

Les Romains avaient parfois des serviteurs spécialement chargés du transport des lettres de leurs maîtres ; on les appelait des *tabellarii* : « *Præposteros habes tabellarios... quùm à me discedunt, flagitant litteras ; quùm ad me veniunt, nullas afferunt... Si mihi aliquid spatii adscribendum darent ; sed petasati veniunt ; comites ad portam expectare dicunt.* » (1).

Le plus souvent c'étaient des messagers d'occasion, voyageurs ou amis de passage qui par obligeance transportaient les lettres : « *Quoniam plures tu habes quam cœteri quos scias in hanc provinciam proficisci... gratissimum mihi feceris si ad me litteras miseris* » (2). Sur le port on cherchait des voyageurs qui voulussent bien se charger des missives : « *Poteris et facies, si me diligis, ut quotidiè sit Acastus in portu. Multi erunt quibus rectè litteras dare possis qui ad me libenter perferant* » (3).

Ces moyens étaient très défectueux : les occasions ne se présentaient pas souvent, les messagers s'acquittaient mal de leurs commissions et les lettres n'arrivaient point à destination ou y arrivaient avec des retards considéra-

1. Cicéron, *Ad famil.* XV, 17.
2. Id., *Ad Atticum*, I, 5, 9.
3. Id., *Ad. famil.*, XVI, 5.

bles. « *Epistolam tuam accepi post multos menses quàm miseras* » (1).

Dans certains cas exceptionnels, les particuliers furent autorisés à se servir des postes impériales. Le caractère de ces autorisations était, à l'origine, en harmonie avec le but de l'institution. C'était seulement aux personnes voyageant pour le service du souverain qu'était accordée la permission d'employer les postes. Cette permission était donnée sous forme de lettres qu'on appela d'abord *litteræ evectionis* (*evectio, transport*) et plus tard *diplomata* (διπλοῦς, double, feuille pliée en deux).

Il arriva que par faveur spéciale du souverain des *litteræ evectionis* furent délivrées à des particuliers voyageant pour leurs propres affaires. La possession de ces lettres leur donnait le droit de se servir des postes et les assimilait à des fonctionnaires de l'Empire voyageant pour le service du prince ; à cause de cette pseudo-mission ils étaient même dispensés de répondre en justice (2).

Plus tard ces autorisations furent accordées plus fréquemment et, d'après le Code Théodosien, elles étaient régulièrement accordées aux pétitionnaires connus indiquant le but de leur voyage.

Les *diplômes*, ou autorisations d'employer la poste, s'expédiaient dans le palais par le ministère d'un affranchi de l'Empereur. Les gouverneurs de provinces recevaient

1. SÉNÈQUE, *Epist.* 50. — Cf. PLINE, *Epist.* IX, 28 ; II, 12.

2. *Dig.*, II, 4. *De in jus vocando*, l. 2.

un certain nombre de diplômes en blanc ; ils ne devaient les délivrer qu'aux personnes voyageant pour affaires d'Etat ou pour un intérêt public (1).

Celui qui aurait contrefait un diplôme ou ordre d'évection devait être sévérement puni : «.... *vel falso diplomate vias commeavit, pro admissi gravitate gravissimè puniendus est* » (2).

Défenses expresses furent fréquemment faites par les Empereurs de se servir des postes sans avoir obtenu des *litteræ evectionis*. Successivement Nerva, Trajan, Adrien, Antonin le Pieux, Marc-Aurèle, Septime-Sévère renouvellent ces défenses. Un historien raconte que sous Antonin un commandant de cohorte qui allait rejoindre son corps en Syrie s'étant présenté au gouverneur de la province à Antioche, fut contraint d'achever sa route à pied, parce qu'il s'était permis d'user de la course publique sans diplôme. Ce commandant de cohorte était le futur empereur Pertinax (3).

Il y eut des abus nombreux dans la délivrance des diplômes. Nous voyons Pline, qui dut être un préfet modèle, se faire honneur de n'en avoir jamais délivré que pour le service de son maître : « *Usque in hoc tempus neque cuiquam diplomata commodavi, neque in rem ullam nisi tuam misi* » (4) : ce qui laisse croire que la pratique

1. NAUDET, *op., cit.*
2. *Dig.*, XLVIII, 10, *l. Cornel. de fals.*
3. JULIUS CAPITOL., *Pertin.*, 1.
4. PLINE, *Epist.* X, 121.

contraire était fréquente. Sous Constantin tous les hauts fonctionnaires délivrent des diplômes.

L'empereur Julien voulant arrêter ces abus ordonna que seul le préfet du prétoire expédierait les lettres d'évection pour les délégués de l'administration et en petit nombre. Plus tard ce fut le maître des offices qui eut le droit exclusif de délivrer ces lettres aux messagers d'Etat ou agents impériaux, ainsi qu'aux militaires chargés de commissions extraordinaires par l'Empereur (1).

La sanction pénale était très sévère : le trafic des diplômes pouvait être puni de la peine capitale.

Ce soin jaloux avec lequel les Empereurs Romains se réservaient exclusivement l'usage des postes était une nécessité de gouvernement : il était nécessaire, dans un Empire aussi vaste, que le souverain concentrât en lui tout ce qui est moyen d'action ; et, si ce moyen puissant eut été à la disposition des sujets, la révolte eut certainement devancé l'arrivée des Barbares sous la poussée desquels s'écroula l'Empire.

Pendant plusieurs siècles les postes disparaissent. Elles reparaissent avec Charlemagne, sont organisées à nouveau par Louis XI. Dès lors l'institution ne périra plus, elle se maintiendra et se perfectionnera peu à peu avec les progrès de l'esprit public et de l'idée de liberté.

1. Naudet, *op. cit.*

CHAPITRE II

Les postes en France avant Louis XI.

La poste n'était pas tout à fait inconnue des Gaulois. Jules César rapporte que, pour la transmission des messages, des coureurs étaient placés de distance en distance. L'un courait à l'autre de toutes ses forces ; le second portait avec la même rapidité le message, et ainsi de suite jusqu'au dernier (1). C'était à peu près le même système que chez les Romains, et ceux-ci, après la conquête le maintinrent en Gaule. Mais les invasions barbares amenèrent la désorganisation générale de tous les rouages de l'Empire Romain et les postes disparurent pour un temps.

Les Franks, une fois installés en Gaule, relevant à leur profit ce qu'avaient de bon les institutions Gallo-Romaines, durent avoir une organisation des postes. Dans les capitulaires de la fin du VIIe et du commencement du VIIIe siècle, il est souvent fait mention des *angaries* ou relais de poste et des corvées de transport. Un capitulaire de Dagobert 1er, roi d'Austrasie, ordonne qu'on pourra établir des angaries avec voitures de transport, jusqu'à cinquantes lieues seulement : « *Angariæ cum carro*

1. CŒSAR, *de Bello Gallico*, XVII, 9.

faciant usque quinquagenta leucas; amplius non minentur ».

Grégoire de Tours raconte que Childebert II, voulant s'emparer d'un de ses ennemis, envoie des affidés à sa poursuite, munis de l'autorisation de se servir des chevaux publics.

Les postes sous Charlemagne et ses successeurs.

Le vaste empire que Charlemagne avait réuni sous son sceptre rendait nécessaire l'organisation ou la réorganisation d'un service de postes. En 807, il fit établir des relais de poste sur les routes d'Italie, de Germanie et d'Espagne : « Carolus Magnus populorum impensis tres « viatorias stationes in Galliâ constituit anno Christi octo- « gintesimo septimo : primam propter Italiam à se devic- « tam, alteram propter Germaniam sub jugum missam, ter- « tiam propter Hispanias ». (*Julian. Taboëtius*).

A ce moyen de centralisation Charlemagne en joignit un autre : l'institution des *missi dominici*, ses délégués directs chargés de surveiller l'administration des provinces. Ils surveillaient également le service des courriers ; et leur mission était facilitée par ce service même qui leur permettait de parcourir plus rapidement les provinces qu'ils avaient à visiter.

Après Charlemagne, le démembrement de son Empire et les troubles, les guerres incessantes de la féodalité ne permirent pas aux postes de se maintenir et pendant plusieurs siècles on n'en trouve pas trace. Il dut cependant y avoir des tentatives pour les maintenir. Car un capitulaire de Charles le Chauve (845) ordonne « que les juges n'oppriment point les serfs du roi et ne les accablent point sous le fardeau des *angaries* » (1). Malgré ces sages recommandations il ne resta de l'organisation guère que les abus. L'autorité royale de plus en plus affaiblie ne peut y porter remède.

Les corvées imposées autrefois pour le *Cursus publicus* se sont transformées en obligations non moins onéreuses. Les fonctionnaires royaux en tournée sont munis de lettres de service qui leur permettent d'exiger le *gîte* et le *foderum*, c'est-à-dire un abri pour eux-mêmes et la nourriture de leurs chevaux. Les capitulaires de Louis le Débonnaire règlent les prestations dûes et édictent des peines contre ceux qui refuseront de s'y soumettre (2). A ces droits de gîte et de foderum la pratique abusive des *missi* en ajoutait d'autres et la poste, loin d'être en quelque chose utile au bien public, n'était qu'un prétexte à vexations de toute sorte.

La poste privée au moyen-âge.

L'affaiblissement du pouvoir royal et ses luttes contre la féodalité et contre l'ennemi du dehors n'empêchaient pas le développement de jour en jour plus grand des éta-

1. *Capitularia Regum Francorum.*
2. Ludov. I, *Constitut. Aq.*, a. 817.

blissements de commerce, des congrégations religieuses et de l'Université.

La vie économique s'étend au loin. Les Croisades ont suscité l'esprit d'aventure ; les relations qu'elles ont provoquées avec d'autres peuples ont étendu le champ du commerce. Les ordres religieux, ayant fondé des couvents nombreux tant en France qu'en Italie, en Allemagne, et en Espagne, durent établir des communications régulières entre ces établissements. D'un autre côté les Universités pour attirer et conserver des auditeurs créèrent des messagers chargés de mettre en relations les étudiants et leurs familles : ce furent les *messagers universitaires* dont nous exposerons le rôle dans l'histoire du monopole postal.

Les messagers de l'Université. — Le développement de cette institution, les luttes qu'elle eut par la suite à soutenir avec la royauté qui finalement la fit sienne sont pour notre sujet d'un grand intérêt. N'est-ce point en effet le monopole de ces messagers et leur succès qui donnèrent à la royauté l'idée d'exploiter l'institution à son profit, et n'est-ce point là l'origine de notre poste moderne ?

L'Université de Paris, fondée en 1200, par l'éclat de son enseignement attirait des auditeurs nombreux venus de toutes les provinces du royaume et aussi des pays étrangers. Pour donner satisfaction au besoin des écoliers d'être en relations avec leurs familles, elle constitua un véritable service de poste ou messagerie à leur usage par la création de suppôts destinés à servir d'intermédiaires entre les étudiants et leurs familles.

Ces messagers furent de deux sortes : les uns ne quittaient pas Paris et remplissaient vis-à-vis des étudiants le rôle de correspondants, c'étaient les *grands messagers* ; les autres, appelés *petits messagers* étaient chargés de voyager et de porter les lettres et les bagages des étudiants. L'origine de ces deux sortes de messagers est dans les privilèges que les rois accordèrent à ces fonctionnaires de l'Université. Philippe-Auguste soustrait les écoliers, les maîtres et leurs messagers à la justice séculière (droit de *committimus*). En 1230 Saint-Louis prescrit de laisser circuler librement les messagers de l'Université. Par un édit du 28 février 1296, Philippe le Bel ordonnait à tous ses justiciers et ministres de protéger contre toute violence et injure les suppôts des Universités de Paris et d'Orléans. Un peu plus tard, à cette protection générale le roi ajoute des privilèges spéciaux pour les messagers universitaires : il les exempte de tous droits de péage, passages et traites fournies et enjoint aux sénéchaux, baillis et autres juges de veiller à ce qu'ils ne soient arrêtés ni saisis pour cette cause. En février 1215 nouveaux ordres de Philippe le Bel à ce sujet.

Ces faveurs accordées par Philippe le Bel aux messagers de l'Université leur furent continuées par ses successeurs. Louis X le Hutin dans des lettres patentes de juillet 1315 les maintient en ces termes : « Concedimus et volumus quod omnes et singuli de quâcumque regione

« vel natione oriundi, de ejus modi corpore Universitatis « existentes et esse volentes ad eam excedere morari, « redire et se, nuntios resque suas ubilibet transferre « pacificè et liberè absque ullâ inquietatione possint (1) ».

Charles VI, par lettres patentes du 12 juin 1419, les exempte des tailles, dîmes, impôts sur le vin et autres choses quelconques, de faire le guet, etc. Tous les privilèges antérieurement accordés furent enfin sanctionnés par Charles VII dans ses lettres patentes de mai 1436.

Ces faveurs spéciales de la royauté et la situation privilégiée qu'elles créaient au profit des messagers firent rechercher ces fonctions par des bourgeois parfois très riches, mais ces fonctions ils ne les remplissaient pas ; du moins ils eurent plutôt le caractère de correspondants que de messagers. Ils servaient d'intermédiaires entre les étudiants et leurs familles ; celles-ci leurs confiaient la surveillance de leurs enfants et le soin de leur fournir ce qui leur était nécessaire. Quoique ne voyageant pas ces sortes de correspondants continuèrent à être appelés messagers. On les appelait même *grands messagers* pour les distinguer des vrais messagers voyageant pour les affaires des étudiants et de l'Université.

Ceux-ci, appelés *petits messagers* ou *nuntii volantes*, étaient des personnes de condition modeste qui, tantôt à

1. Bulœius, *Hist. universitatis*, (Cité par Belloc, *Les postes françaises*).

pied, tantôt à cheval, tantôt par voiture, tantôt par bateau, faisaient les voyages et les transports.

« Les petits messagers de l'Université devaient avoir leur domicile à Paris. Ils se rendaient tous les ans dans les provinces, à certaines époques fixes, en général à l'approche des fêtes de l'Eglise, pour rapporter aux étudiants les semonces des pères et des tuteurs, les provisions, les effets et l'argent mis de côté par la tendresse maternelle pour le cher enfant absent. Le jour de leur retour, toute la population, groupée au pied de la montagne Ste-Geneviève était en liesse. Au-devant d'eux se pressaient d'honnêtes hôteliers — il y en avait déjà — se flattant du doux espoir d'arracher quelques deniers à des théologiens plus lents à payer qu'à boire ; des basochiens tout heureux à la pensée, de pouvoir offrir un joli chaperon enrubané à quelque gente bachelette chère à leur cœur de vingt ans ; d'autres, déjà dignes du bonnet carré, pressés de courir chez l'enlumineur en vogue faire emplette d'un Digeste depuis longtemps convoité » (1).

Maintes fois sans doute, alors comme aujourd'hui, les écoliers engagaient jusqu'à leurs livres d'études en attendant l'arrivée des subsides paternels, ainsi que le dit l'escolier Limousin rencontré par Pantagruel : « Et si, par forte fortune, y a rareté ou pénurie de pécune en nos marsupies, et soient exhaustes de métal ferruginé, pour l'escot

1. Eugène Gallois. *La poste et les moyens de communication.*

nous dimittons nos codices et vestes oppignerées, prestolans les tabellaires à venir des pénates et lares patriotiques » (1).

Aussi se représente-t-on aisément l'enthousiasme qui accueillait l'arrivée des messagers porteurs de nouvelles et de « métal ferruginé »,

Le choix de ces messagers appartenait aux étudiants eux-mêmes. Chaque *nation* nommait les siens ; et ce choix était ensuite soumis pour ratification à l'assemblée générale qui se tenait à l'Eglise St-Julien-le-Pauvre. A cette assemblée les messagers élus prêtaient serment entre les mains du recteur de l'Université et on leur délivrait un brevet pour lequel ils devaient payer un droit de quatre sols parisis.

Créés pour mettre en relation les étudiants avec leurs familles, ces messagers durent peu à peu élargir le cercle de leurs opérations. Lorsque les particuliers connurent avec quelle conscience ils remplissaient leurs fonctions, ils durent leur confier leurs commissions ou leurs lettres. Les petits messagers ne se bornèrent pas à cela : ils se chargèrent même de transporter les voyageurs, de leur fournir des chevaux, et même de pourvoir à la nourriture de ces voyageurs.

« Les différentes tentatives faites avec plus ou moins de succès par Louis XI, par Charles VIII et bien plus tard encore par Henri III pour restreindre le monopole des

1. RABELAIS, *Pantagruel*, l, II, Ch. V.

messagers universitaires tendraient à prouver que ces agents se renfermaient rarement dans les limites professionnelles marquées par leur diplôme, et que leur service avait pris les allures occultes d'un service public, mais fonctionnant à l'insu de l'Etat et en dehors de sa surveillance » (1).

C'est la première fois que nous trouvons un service régulier de correspondances à l'usage des particuliers. Entre temps la poste royale avec une organisation régulière fut créée par Louis XI, mais à l'usage seul du souverain. Ce sera la fusion de ces deux postes qui formera la poste moderne.

1. A. DE ROTHSCHILD, *op. cit.*

CHAPITRE III

La poste en France de Louis XI à Richelieu.

La poste de Louis XI.

L'édit de Luxies, près de Doullens, en date du 19 juin 1464, créait un service de poste régulier. Mais ce service, tant par ses moyens que par son caractère et son but, ressemblait bien plus au *cursus publicus* des Romains qu'à la poste actuelle.

Sur les grands chemins du royaume furent établis des relais de quatre en quatre lieues et chacun de ces relais dut avoir au moins quatre ou cinq chevaux de légère taille propres à courir le galop (art. 2). Le personnel fut composé : de maîtres coureurs ou chevaucheurs, plus tard appelés maîtres de poste, préposés à la gestion des relais et chargés de conduire les courriers royaux moyennant dix sols par 4 lieues et par cheval ; de commis chargés de la surveillance du service ; d'un grand maître des coureurs de France, attaché à la personne du roi, directeur général du service.

Au contraire de la poste universitaire, dont le but fut avant tout d'ordre économique, la poste créée par Louis XI fut une institution d'ordre purement politique, fut un moyen de gouvernement. L'édit du 19 juin 1464, par lequel Louis XI créa les postes, s'exprime, en effet, ainsi dans son article 1er :

« Le dit seigneur et roy ayant mis en délibération avec les seigneurs de son conseil qu'il est moult nécessaire et important à ses affaires et à son estat de sçavoir diligemment nouvelles de tous costez et y faire quand bon luy semblera sçavoir des siennes »...

L'article 9 réserve au souverain seul l'usage des postes : il interdit aux maîtres coureurs « de bailler aucuns chevaux à qui que ce soit et de quelque qualité qu'il puisse estre sans le mandement du Roy et du Grand maistre des coureurs de France, à peine de la vie ». Cette sévérité extrême est expliquée par la fin de ce même article qui indique très nettement le caractère et le but de la poste créée par Louis XI : « D'autant que ledit seigneur ne veut et n'entend que la commodité dudit establissement ne soit pour autre que pour son service, considéré les inconvénients qui peuvent survenir à ses affaires, si les dits chevaux servent à toutes personnes indifféremment sans son sceau ou du Grand maître des coureurs de France ».

Une exception était cependant faite en faveur de « nostre très saint père le pape et princes étrangers avec lesquels Sa Majesté a amitié et alliance » à qui il est permis « d'user de la liberté du dit establissement, en payant raisonnablement et obéissant aux ordonnances contenues » (art. 10).

Pour que la surveillance des courriers et messagers soit plus efficace il leur est interdit de s'écarter des routes de poste et de prendre des chemins de traverse (art. 11).

L'esprit soupçonneux de Louis XI alla jusqu'à prescrire de visiter les courriers et messagers pour s'assurer qu'ils ne transportent pas de correspondances contenant quelque chose de contraire au service du roi :

« Seront les dits courriers et messagers visités par les dits commis du dit Grand Maîstre auxquels ils seront tenus d'exhiber leurs lettres et argent pour connoistre s'il n'y a rien qui porte préjudice au service du Roy, et qui contrevienne à ses édits et ordonnances, dont le dit commis sera bien instruit pour y rendre son devoir, et pour ce luy sera donné par le dit Grand Maîstre des coureurs de France plein et entier pouvoir de ce faire, en vertu de celuy qui luy sera attribué par la présente institution et par les lettres de commission qui luy en seront expédiées » (art. 13).

Il semble bien, d'après cet article, que les messagers de la poste royale devaient avoir l'habitude de se charger de correspondances des particuliers. Avant Louis XI il existait des coureurs royaux (ordonnances de Saint-Louis du 13 décembre 1254, de Philippe le Long du 11 février 1318) ; Louis XI leur donna une organisation régulière et définitive, et, sachant qu'à l'occasion ils transporteraient les correspondances privées, il institua le premier *cabinet noir*, qui se trouve ainsi avoir existé avant la poste elle-même.

A la fin du xve siècle nous sommes en présence de deux organisations de postes : la poste du roi et la poste de l'Université. L'une et l'autre, créée pour l'usage seul de quelques personnes, en est venue peu à peu à se mettre à la disposition du public. La royauté, qui a eu dans les postes une arme contre la féodalité et qui s'est enfin imposée, voyant l'avantage qu'elle peut avoir à transporter les correspondances privées, va s'évertuer à exproprier les messagers universitaires de leurs privilèges et elle y parvient par une série de mesures que nous allons indiquer.

La royauté et les messagers de l'Université.

Les privilèges dont jouissaient les messagers de l'Université, spécialement les grands messagers, qui n'avaient de messagers que le nom, provoquèrent des réclamations de la part des bourgeois. Ces réclamations attirèrent l'attention de Louis XI que sa méfiance naturelle portait à voir de mauvais œil l'institution des messagers et qui peut être devinait déjà les bénéfices que pourrait retirer la royauté du transport des voyageurs et de la correspondance privée. En 1478 il donne en partie satisfaction aux réclamations formulées en réduisant le nombre des grands messagers. Par une ordonnance du 3 mars 1489, son successeur Charles VIII fixe le nombre des grands messagers : un par diocèse français et un par chaque diocèse des pays étrangers dont il y aurait des écoliers à Paris. Quant aux petits messagers ils furent maintenus, mais durent faire enregistrer leurs provisions au Châtelet de Paris ou aux Parlements de province. C'est une première main-mise de la royauté sur l'institution.

François 1er renouvelle en faveur des messagers de l'Université les privilèges accordés par ses prédécesseurs. Dès l'année de son avènement au trône, par lettres patentes d'avril 1515, il ordonne que « tous et chacun des privilèges, franchises, libertés, tant en général comme en particulier, avec les autres droits, coutumes et usages de l'Université dont elle a usé et joui, jouit et use à présent, sont ratifiés et confirmés pour en jouir et user dorénavant par les suppôts, officiers et serviteurs de la dite Université ». Ces dernières expressions s'appliquent aux messagers qui du reste sont cités par la déclaration de la Régente du 22 novembre 1515 disant qu'ils jouiront « de tous les privilèges et immunités à eux accordez jusqu'à ce jour et seront spécialement frans et quittes de la contribution et impôt que le Roy, pour subvenir aux grandes affaires de la guerre et du royaume, a demandé à la Ville de Paris » (1).

Par un édit de janvier 1539, confirmé par des lettres patentes du 5 juin 1543, les messagers de l'Université furent exemptés du service de guet de la ville de Paris.

Il y a pourtant sous François 1er des actes tendant à enlever leurs fonctions aux messagers universitaires ou du moins les empêchant de sortir de leurs fonctions proprement dites.

1. Belloc, *op. cit.*

Un édit d'octobre 1525 enjoint aux greffiers « d'envoyer les procès des parties dont aura été apellé au Parlement, après les avoir clos, évangélisés et scellés, par un seul messagier s'il se peut, à qui ils donneront une certification portant le nombre de procès qu'ils luy auront remis pour après être taxez et payez par qui il appartiendra, et autrement ne sera taxée aucune chose à iceux messagiers » (1).

Les messagers de l'Université transportaient fréquemment les correspondances des particuliers ; ils auront désormais des concurrents dans les messagers chargés du transport des pièces de procédure.

Fréquemment aussi, avons-nous dit, ils se chargeaient même de transporter les voyageurs, de leur fournir des chevaux, de les nourrir etc. Un premier pas pour les déposséder de ces fonctions fut fait par le règlement du 5 juillet 1527 interdisant « à toutes personnes autres que les chevaucheurs de fournir des chevaux aux courriers » Ce fut l'origine du monopole des maîtres de poste. Quant au transport des correspondances, un pas de plus vers le monopole de l'Etat fut fait par l'édit de Charles IX de janvier 1573 ordonnant aux greffiers des bailliages, sénéchaussées, prévôtés et autres sièges ressortissant au Parlement de Paris d'envoyer « les sacs de procès par écrit, enquêtes, informations et autres » par l'intermédiaire seul des messagers royaux « encore que les par-

1. Belloc, *op. cit.*

ties ne le requissent, sur peine du quadruple toutes fois ». Il est curieux de remarquer que le premier objet de monopole des messagers royaux porta sur les sacs de procédure qui sont aujourd'hui, ainsi que nous le verrons, en dehors du monopole de l'Administration des Postes.

Les postes sous Henri III.

La puissante maison de Guise était soutenue dans sa lutte contre le roi par le Parlement et par l'Université de Paris. Cette lutte eut en notre matière des résultats très intéressants : elle précipita la main-mise de la royauté sur les postes.

Une sentence du Parlement de Paris (chambre des requêtes), rendue le 11 juin 1585 en faveur d'un maître de poste de Juvisy fut cassée par le roi qui par là défendait au Parlement de connaître des différends relatifs aux postes.

D'autres mesures dirigées plus ou moins directement contre les messagers de l'Université mirent encore plus complètement les postes entre les mains du roi. Ces mesures sont contenues dans les lettres patentes du 10 octobre 1575, les édits du 15 octobre 1576 et du 20 mai 1582.

I. — C'est par la création de concurrents que Henri III commença à battre en brèche la situation privilégiée des

1. Reg. du Parlement de Paris, 1585 ; LEQUIEN DE LA NEUVILLE, *Usage des postes*.

messagers de l'Université. Il autorisa par lettres patentes du 10 octobre 1575 l'établissement de Paris aux principales villes de coches par terre et par eau destinés à transporter voyageurs et bagages. Ainsi fut créé le privilège des voitures publiques qui, malgré toutes les doléances, subsista pendant deux siècles (supprimé le 7 août 1775).

II. — Plus intéressant pour nous, car il se rapporte à la poste aux lettres, est l'édit du 15 octobre 1576. Deux dispositions importantes constituent l'objet de cet édit : la création de messagers en titre pour le transport des actes de procédure et la mise de la poste royale à la disposition des particuliers pour le transport de leurs correspondances.

A. — L'envoi des actes de procédure par les messagers royaux prescrit par l'édit de 1573 ne se faisait pas selon les dispositions de cet édit. Il était rare que les greffiers ne demandassent pas aux messagers de consentir une réduction sur les deux sols tournois qui étaient la taxe officielle ; les messagers étaient obligés d'y consentir, mais ils faisaient en sorte de recouvrer le complément sur les destinataires. Il arrivait aussi que, pour plus d'économie, les greffiers portaient eux-même ou faisaient porter par leurs commis les sacs de procédure. Des retards fréquents et parfois aussi la perte de pièces étaient la conséquence de ces irrégularités.

L'édit du 15 octobre 1576 pour mettre fin à ces abus prit les mesures suivantes :

1° Il créa un ou deux offices de messagers ordinaires auprès de chaque siège de bailliage, sénéchaussée ou élection. Ces fonctions étaient remplies en vertu de commissions délivrées par le Parlement, la Cour des Aides ou les juges ordinaires.

Elles constituaient des titres d'office pour lesquels il y avait lieu au paiement d'une finance.

Dès lors la royauté trouvant dans cette institution une source de revenus ne l'abandonnera pas : elle la soutiendra, lui donnera le plus d'extension possible et finira par lui accorder un monopole.

L'édit de 1576 nous paraît être le véritable point de départ du monopole postal qui ne sera complètement et indiscutablement établi qu'un siècle plus tard.

2° Le transport des sacs de procédure devait obligatoirement être confié à ces messagers, et les greffiers ne pouvaient même pas les transporter eux-mêmes :

« Défendons très expressément à tous les greffiers de nos dites cours de Parlement et des Aydes de recevoir aucun sac des dits procez par écrit, enquestes, informations et autres procédures par les mains d'autres personnes que les dits messagers, même par les mains des greffiers des sièges, à peine de cinq cens livres tournois d'amende. Pareillement défendons à toutes personnes de quelque estat, qualité ou condition, autres que les dits messagers ou leurs commis, de se charger des sacs pour les porter ès dits greffes sur pareille peine d'amende ».

3° Pour éviter que les dessiers de procédure ne soient égarés ou retardés l'édit prescrit certaines formalités : les greffiers tiendront un registre des pièces confiées aux messagers ; un autre registre sera aux mains des messagers, les greffiers y inscriront les pièces envoyées. Sur les étiquettes des sacs devront figurer la désignation et l'adresse des parties dénommées aux procès ; la date devra y figurer aussi. En outre il était défendu aux messagers, « sous peine de privation de leur état et de punition corporelle », d'ouvrir les sacs à eux confiés.

4° La taxation était maintenue au tarif de 1573 : deux sols tournois par lieue.

B. — La disposition la plus intéressante de l'édit est celle qui met officiellement la poste à la disposition des particuliers. A cette disposition s'en joint une autre qui la complète : celle qui prescrit des départs à jour fixe :

« Lesquels messagers seront tenus toutes les semaines de l'année à partir à jour certain de la ville où sera establi le siège auquel ils seront messagers, pour porter les sacs de procez..... ensemble les lettres missives et autres papiers, marchandises, or et argent et toutes autres choses qui leur seront ou auront été délivrez *par autres personnes*, pour porter en nos villes où seront establies nos dites cours, et de retourner dans la ville de laquelle il seront partis la semaine prochaine en suivant, à jours certains, lesquels jours ils ne pourront changer, *afin que chacun se trouve prest au jour pour envoyer par eux* ».

La sanction n'était autre que la « privation de leurs estats », c'est-à-dire le retrait de la fonction.

La taxe était uniforme dans le ressort de chaque Parlement : 10 deniers tournois par lettre, y compris le port de la réponse ; le tarif était moins élevé pour plusieurs lettres envoyées par la même personne.

Sauf le cas de vol sur le grand chemin le messager était responsable des objets à lui confiés.

Une dernière disposition de cet édit ordonnait que les messagers royaux jouiraient des mêmes privilèges que les messagers de l'Université.

III. — Ceux-ci furent bien plus atteints encore par l'édit du 20 mai 1582 ordonnant que toutes sortes de messagers ne pourraient continuer leur service qu'à la condition de prendre des lettres de messagers royaux et de payer une *finance*, sinon leurs offices seraient vendus au profit du roi.

L'Université, malgré ses protestations, dut se résigner, voir ses messagers prendre des lettres de commission et leur monopole passer peu à peu aux mains de la royauté.

Henri IV.

Cependant les privilèges de l'Université, fortement amoindris par les mesures prises contre elle par Henri III, ne tardèrent pas, sous son successeur, à être rétablis. Henri IV, dès son avènement, eut à cœur d'effacer les maux des guerres civiles et de les faire oublier. C'était nous l'avons vu, surtout par hostilité contre l'Université amie des Guises, qu'on avait obligé ses messagers à prendre une licence.

Le nouveau roi par lettres patentes de juin 1594 et par la déclaration du 9 août 1598 rendit à l'Université ses privilèges :

« Disons et déclarons par ces présentes que suivant iceux privilèges tous messagers jurez de quelque lieu qu'ils soient qui ont été par eux pourvus, jouiront pleinement et paisiblement des dits offices ensemble de tous les privilèges par nos dits prédécesseurs rois octroyez et par nous confirmez, sans qu'ils soient troublez ni empêchez pour quelque cause et occasion que ce soit, et être contraints nous payer aucune finance, en vertu du dit édit auquel n'avons entendu, comme encore n'entendons que les dits messagers jurez soient compris, et les avons exceptez et réservez, exceptons et réservons par les présentes : voulons et très expressément ordonnons que si aucun desdits messagers par eux pourvus ont été contraints payer aucune finance, en vertu de notre commission, que les deniers par eux payez leur soient rendus, et à ce faire contraints ceux qui les auront reçus, par toutes voyes dues et raisonnables. »

La préoccupation principale du roi et de son ministre Sully fut le sort de l'agriculture. Et ce fut surtout pour être utile aux agriculteurs qu'il organisa des relais de chevaux sur tous les grands chemins du royaume. L'intitulé de l'édit du 8 mai 1597 indique bien le but de la création : servir non seulement l'intérêt du roi mais aussi l'intérêt du public par la mise à sa disposition de la poste aux chevaux : « Edit du Roy pour l'établissement des relais de chevaux de louage, de traite en traite, sur les grands chemins, traverses et le long des rivières, pour servir à voïager, porter malles et toutes sortes de bagages, comme aussi pour servir au tirage des voitures, par eau et culture des terres, avec création de deux généraux des Postes ».

Ces généraux devaient surveiller le service et établir l'adjudication de la ferme des postes ; cinq cents écus et les frais de déplacement constituaient leurs gages.

Les maîtrises de postes devaient être affermées pour trois ou six ans. Toute personnne pouvait louer des chevaux, soit pour courir la poste, soit pour le trait ou le labourage, moyennant un tarif et des conditions fixées d'avance. Pour que les chevaux ne fussent pas enlevés, sous prétexte de réquisitions, ils furent considérés comme faisant partie du domaine royal et marqués d'un H et d'une fleur de lis.

Mais des motifs d'ordre politique ne tardèrent pas à amener la suppression de l'organisation :

« La connoissance de ce qui alloit et venoit de la part des étrangers en notre royaume nous a été de tout à tout ostée...., car, au lieu de prendre la voye des postes, ils se sont servis des chevaux de relais pour le passage de leurs courriers qu'ils ont par ce moyen, destournez des grands chemins, s'en servant à courir, contre la défense même de notre édit, au grand préjudice de notre service et à la ruine des Postes ». Ainsi s'exprime le roi dans les considérants de l'édit du 3 août 1602 qui réunit les relais royaux aux postes ordinaires. Les deux généraux des relais furent supprimés et leurs attributions transférées au contrôleur général des Postes, entre les mains de qui se trouva désormais toute l'administration des postes.

Défenses furent faites à toute personne de fournir des chevaux de louage sans la permission expresse du contrôleur général des postes, à peine de vingt écus d'amende et de confiscation des chevaux (lettres patentes des 23 juillet et 14 décembre 1609).

Pour prix de ce monopole le dit contrôleur général dut verser 32 600 écus dans la caisse royale.

Cette institution des relais et son incorporation aux postes constituait une sérieuse concurrence aux messagers royaux et aux messagers de l'Université. La concurrence donna des facilités plus grandes aux communications, mit en lumière les avantages que la royauté en pouvait retirer ; et Richelieu, puis Louvois, vont faire de la poste une institution fiscale et achever la constitution du monopole.

CHAPITRE IV

La poste française depuis Richelieu.

Louis XIII et Richelieu.

L'avènement de Louis XIII sembla tout d'abord favorable aux messagers de l'Université dont les privilèges furent renouvelés en 1610 et 1612.

Leur dépossession sera pourtant bientôt un fait accompli ; les messagers royaux eux-mêmes devront faire place à une véritable poste d'État dont le cardinal Richelieu fut le fondateur.

En 1615 Pierre d'Alméras succéda comme général des postes à de la Varenne ; la survivance de sa charge était attribuée à son frère René. Les privilèges accordés auparavant au général des postes furent confirmés par lettres patentes des 18 octobre 1616 et 25 février 1622 : autorité sur les maîtres de poste et interdiction aux Parlements et aux autres juridictions de s'immiscer dans les décisions prises par le général des postes.

Peu de temps après un arrêt interdit à toute personne de louer des chevaux sans l'autorisotion du général des postes (arrêt du 15 décembre 1622).

Richelieu fut amené à se préoccuper des nombreux étrangers circulant avec la plus grande facilité en France et, par mesure de sécurité de l'État autant que pour sauvegarder les intérêts des maîtres de poste, il interdit à toute personne autre que les maîtres de poste de fournir des chevaux ou voitures aux étrangers voyageant en France, à peine de cinq cents livres d'amende, à moins que ces étrangers ne fussent munis d'un passe-port du roi ou d'une autorisation spéciale du général des postes ou des lieutenants généraux de provinces, (déclaration royale du 13 décembre 1623).

Ces préoccupations d'ordre politique ne furent point les seules et nous ne tardons pas à voir la question du rendement pécuniaire des postes prendre une importance plus grande.

« Non seulement on se préoccupe des services que la poste peut rendre à l'État et aux intérêts privés, des abus et des dangers qu'elle entraîne, mais on commence à pressentir que de cette institution peut sortir une source féconde de revenus ; que non seulement elle couvrira ses frais, mais qu'un jour elle pourrait bien enrichir ses maîtres. Nous arrivons à des faits nouveaux ». (1)

Dès la création de la poste royale, les particuliers profitaient fréquemment des envoyés de la cour pour faire transporter leurs lettres. En 1576 cette tolérance était devenue légale. Mais il n'y avait là qu'un moyen tout à

1. A. DE ROTHSCHILD, *op. cit.*

fait accidentel, car les courriers ne partaient pas à jour fixe.

En 1622 furent établis des courriers partant et arrivant à jour fixe. Par là le général des postes espérait augmenter le rendement de son administration. Dans ce but il organisa aussi dans les villes où arrivaient les courriers des bureaux avec des commis chargés de la délivrance des lettres.

Des difficultés s'élevaient cependant quant aux prix de transport. Jusque-là ces prix se traitaient de gré à gré. Avec la nouvelle organisation les particuliers voulurent continuer à taxer à leur guise les lettres et paquets; de leur côté les commis des bureaux voulurent exiger des prix plus élevés

Ces taxes arbitraires ne pouvaient subsister plus longtemps. Un règlement du 16 octobre 1626 ordonna à tout destinataire de lettres ou paquets de payer la taxe fixée par l'administration, en vertu des pouvoirs et prérogatives conférés par l'édit de mai 1597. Cette taxe n'était pas très élevée : le port des lettres simples de Paris à Lyon fut de 2 sols, de Paris pour la Provence ou le Languedoc 6 sols.

Cependant la tolérance dont depuis longtemps avait joui le public pour la taxation des lettres et paquets fit qu'on résista au nouveau règlement et que plusieurs en appelèrent au Grand Conseil; celui-ci ordonna purement et simplement l'application du tarif.

Le règlement de 1627 interdisait aussi aux commis de

rien exiger au delà des droits fixés, « à moins que plus grand port y fût volontairement apposé par les envoyeurs ».

Comprenant que les revenus de la poste s'augmenteraient avec une facilité plus grande donnée au public pour la transmission et la réception des correspondances, Richelieu poursuivit l'organisation de ce service. L'édit du 18 mai 1630 créa des circonscriptions administratives avec bureaux de dépêches dirigés par des maîtres de courriers relevant de contrôleurs principaux; ces bureaux furent chargés de la distribution des lettres et paquets et de la perception des taxes.

Par la régularité des départs des courriers et par la fixité des tarifs édictés les postes deviennent un vrai service public. L'effort de l'administration sera de plus en plus dirigé vers l'expropriation des institutions concurrentes : les messagers royaux et les messagers de l'Université.

Le transport de la correspondance officielle fut réservé à la poste par un édit de janvier 1629 ordonnant « que toutes les dépêches des gouverneurs des provinces, des lieutenants généraux et tous les autres officiers ne seraient plus envoyées que par la voie des postes ordinaires ».

Par un arrêt du Parlement de Paris il fut déclaré que les messagers de l'Université pouvaient, entre Paris et le diocèse auquel ils appartenaient, porter les lettres, argent et paquets à eux confiés par les régents et écoliers de ce diocèse; mais il leur était fait « inhibitions et défenses de porter lettres, argent ou paquets pour autres personnes et établir aucun bureau à cet effet ».

Il semblerait que ce devait être la fin des messagers universitaires. Mais l'Université, toujours toute puissante, avait maintenant une raison de plus de résister. Elle venait en effet en 1633 d'affermer ses messageries à son profit, le produit des baux étant destiné à l'entretien des écoliers et à la rétribution des régents.

En 1640 l'adjudication des offices de messagers voituriers du royaume essaya vainement de demander qu'on applique aux messagers universitaires les dispositions d'un édit d'août 1634 prescrivant que ces messagers ne pourraient dépasser le nombre des grands messagers fixé en 1488 et leur interdisant de tenir bureau et de transporter des lettres ou paquets autres que ceux des étudiants et des professeurs de l'Université.

A la suite de représentations de l'Université, une décision royale en date du 14 décembre 1640 permet aux petits messagers « de faire voyages à leurs jours ordinaires, comme ils ont toujours fait par le passé, concurremment avec les messagers pourvus par Sa Majesté, et de porter lettres, hardes, paquets, or, argent et autres choses pour toutes sortes de personnes et de faire la conduite de ceux qui se présenteront à eux, sans aucune distinction, leur fournir chevaux et vivres et faire toutes autres fonctions et exercices de messagerie; et, à cette fin, pourront tenir bureaux en cette ville de Paris et en celle de leur établissement, ainsi qu'ils ont fait pour le passé. » (1) Cet arrêt enregistré au Parlement, connu sous le nom de *célèbre arrêt*, maintenait donc encore pour un temps les privilèges revendiqués par les messagers de l'Université.

Les maîtres de poste cependant avaient quelques privilèges exclusifs, tels que le droit de transporter la correspondance officielle. Un arrêt du Conseil d'Etat du 12 août 1634 renouvela leur privilège pour le transport des étrangers voyageant en France ; et ce même arrêt fit défense aux messagers royaux de s'adresser, en cas d'insuffisance de leurs chevaux, à d'autres qu'aux maîtres de poste.

Louis XIV et Louvois.

L'œuvre que Richelieu avait commencé fut poursuivie par ses successeurs, mais ne fut à peu près terminée que par Louvois. L'organisation fut complétée par la création d'offices héréditaires de contrôleurs, peseurs, taxeurs de ports de lettres et paquets dans tous les bureaux de messageries (édit du 3 décembre 1643). Ce même édit créait deux messagers royaux dans les villes où il n'y en avait pas encore. Mais il était fait défense tant aux messagers royaux qu'aux messagers de l'Université « de faire plus grande diligence qu'ils ne doivent par leur institu-

1. BELLOC, *op. cit.*

tion, à peine de confiscation de leurs chevaux et d'interdiction de leurs charges ».

La création des contrôleurs, peseurs et taxeurs eut pour conséquence la suppression des messagers de l'Université dont les privilèges furent en principe abolis par l'édit du 5 décembre 1643. La corporation ainsi évincée devait recevoir une somme de quarante mille livres et en outre le paiement des revenus qu'elle retirait du fermage de ses messageries, une partie de ces revenus devant servir à la rétribution des régents « dont le salaire était à peine suffisant pour leur permettre de se loger et de se nourrir ».

Il est douteux que cet édit ait été complètement exécuté, car un édit de mars 1655, modifiant l'organisation du service de la poste, ordonnait que l'Université serait remboursée de la somme de quarante mille livres. Par ce même édit de mars 1655 l'Université conservait le droit d'avoir un messager par diocèse pour transporter les lettres et paquets des régents et des écoliers.

Un arrêt du Conseil d'Etat du 7 avril 1661, rendu à la requête du surintendant général des postes qui se plaignait de la concurrence des messagers royaux et des messagers de l'Université, fixait les privilèges de la poste royale et en même temps réduisait les privilèges des messagers.

Les maîtres des courriers conservaient la faculté « de faire partir, à tels jours et heures que bon leur semblerait, des courriers en tel nombre qu'ils le jugeront nécessaire, pour porter les dépêches de Sa Majesté et du public par chevaux de poste et relais jour et nuit de la ville de Paris, en tous les bureaux des postes établis ou à établir ».

Quant aux messagers royaux et de l'Université, l'arrêt prescrit qu'ils ne pourraient partir qu'à certains jours, qu'ils devront marcher « à journées réglées entre deux soleils » ; en outre ils ne pourront « aller en poste, ni la nuit avoir aucuns courriers, ni établir aucuns chevaux de relais ni de traites sur leurs routes ». La sanction est la confiscation des chevaux et des bagages, une amende de mille livres par chaque contravention et l'emprisonnement (1).

Ces prescriptions, malgré la sévérité des peines édictées, ne furent pas toujours observées. Car une ordonnance royale du 18 avril 1668 rappelle aux messagers d'Arras et de Lille qu'ils ne doivent transporter de correspondances que de et pour les villes dont ils sont messagers, qu'ils ne peuvent relayer, ni établir de boîtes sur leur parcours.

Outre ces mesures prohibitives vis-à-vis de leurs concurrents, les maîtres des postes reçurent confirmation de leurs privilèges et obtinrent des privilèges nouveaux par l'ordonnance du 19 janvier 1669 : ils furent exemptés de toutes tailles et impositions quelconques ; leurs chevaux et leurs fourrages étaient déclarés insaisissables ; leurs gages devaient être payés de six mois en six mois ; enfin il leur était accordé les mêmes privilèges qu'aux officiers

1. Belloc, *op. cit.*

commensaux du roi, En revanche il leur était enjoint de fournir des chevaux à toute heure aux courriers, sans les retarder, ni rien exiger d'eux sous peine de se voir privés de leurs gages et privilèges à la première infraction et en cas de récidive privés de leurs charges (ordonnance du 7 février 1669).

Toutes ces prescriptions en vue de limiter la concurrence faite à la poste par les messagers royaux et les messagers de l'Université montrent bien que la poste n'est plus uniquement ce qu'elle fut avec Louis XI, un instrument politique. Son rôle économique est de plus en plus mis en valeur, moins peut-être par les services qu'elle a pour objet de rendre au public que par le gain qu'elle procure à ceux qui l'exploitent.

Avec la déclaration royale et les arrêts du Conseil des 15 et 19 mars 1672 nous entrons dans une période décisive de cette évolution. Jusque-là les postes étaient comprises dans la ferme générale des aides. Louvois, comprenant le rôle considérable que les postes pouvaient tenir dans les relations sociales et quels bénéfices le Roi pouvait en retirer, proposa d'adjuger à part la ferme générale des postes. Ce fut Lazare Patin qui fut déclaré adjudicataire moyennant un bail de 1.700.000 livres par an, payables de mois en mois, plus un million payé comptant. Un nouveau bail lui fut ensuite consenti pour six ans, par arrêt du Conseil du 11 avril 1676, moyennant une somme annuelle de 1.220.000 livres.

Le bail avait pour objet le transport des correspondances et l'établissement des relais.

Pour avoir le droit d'exercer, à l'exclusion de tous autres, ces fonctions, le fermier général fut subrogé à tous les baux des Messagers de l'Université et des Messagers royaux à la condition de leur rembourser le prix de ces baux.

Dès lors, le fermier général des postes peut exiger la protection de son monopole ; et le roi y fut toujours disposé. C'était d'ailleurs l'avantage de l'un et de l'autre : de celui-là qui trouvait des bénéfices à réaliser ; de celui-ci qui voyait le développement progressif du service et par conséquent l'élévation des baux futurs.

Déjà, l'année qui suivit la première adjudication, à la requête de Patin, un arrêt du Conseil s'occupa de protéger le privilège du fermier général : il interdit « à tous maistres et fermiers de carrosses, muletiers, rouliers, voituriers, coquetiers, poulaillers, beurriers, piétons et autres, tant par eau que par terre, de porter aucunes lettres et paquets de lettres, de quelque sorte et nature que ce soit, à l'exception seulement de lettres de voiture, des marchandises et hardes dont ils seront chargez, icelles non fermées ni cachetées ».

Quant aux messagers, tant royaux que de l'Université, l'arrêt rappelle les défenses à eux antérieurement faites « d'avoir aucuns bureaux, tenir aucune boëte, recevoir, porter et distribuer aucunes lettres et paquets de lettres ès villes de leur route et passage, ailleurs qu'en celle de leur établissement, à peine contre chacun des contrevenans de quinze cents livres d'amende et de confiscation des chevaux et équipages ».

Lazare Patin cependant ne fut pas sans être toublé fréquemment dans la jouissance de son privilège. Un arrêt du Conseil du 25 juin 1678 vint rappeler les droits du fermier général et punir ceux qui empièteraient sur son monopole.

Cet arrêt porte « interdiction à toutes personnes de porter aucunes lettres, ni paquets de lettres fermées, sans la permission expresse du sieur Patin, sous peine de cent livres d'amende pour chaque contravention, dont un tiers pour l'hôpital le plus voisin, un tiers au dénonciateur et le dernier tiers au dit Patin. »

Il fait « défenses à toutes personnes de troubler le dit Patin dans l'exercice et fonction des messageries dont il aura remboursé la finance ou de celle dont il est en possession, en vertu d'arrest ou d'ordonnance des sieurs commissaires généraux sous les peines portées par les arrests et règlements. »

Quant aux messagers de l'Université et aux messagers royaux dont la finance n'a pas encore été rembousée, l'arrêt contient limitation de leurs droits. Ils pourront continuer à porter des lettres dans les conditions prévues par les règlements antérieurs ; ils pourront aussi se servir de voitures, mais celles-ci ne pourront être suspendues et ne devront porter que trois personnes au plus.

Confirmant les règlements déjà édictés, cet arrêt ordonne que « les messagers royaux et des Universités partiront et arriveront, tant en hiver qu'en été, à jours certains et différents, qui seront réglés par les juges royaux des lieux. » (1)

Le monopole du fermier des postes est donc, sauf quelques restrictions, nettement établi en principe. Cependant des contraventions devaient avoir lieu fréquentes puisque de temps en temps l'autorité publique rappelle ce monopole.

Ce que la législation postérieure a considéré comme actes constitutifs du privilège des postes, quoiqu'ils fussent la reproduction d'actes antérieurs, ce furent les arrêts du Conseil d'Etat des 18 juin et 29 novembre 1681, dont voici les principales dispositions :

« Sa Majesté a fait et fait très expresses inhibitions et défenses à tous messagers, auxquels la finance de leurs offices a été remboursée, et tous maîtres de coches, carroses et litières, poulailliers, beurriers, muletiers, piétons, mariniers, bâteliers, rouliers, voituriers, tant par terre que par eau, et à toutes personnes de quelque qualité et conditions qu'elles soient, autres que ceux qui auront droit et pouvoir du dit Patin et de ses intéressés, de se charger ni souffrir que leurs valets ou postillons, et même les personnes qu'il conduiront par leurs voitures se chargent d'aucunes lettres ni paquets de lettres, mais seulement

1. Belloc, *op. cit.*

des lettres de voiture des marchandise qu'ils voitureront qui seront ouvertes et non cachetées; comme aussi à toutes personnes de se charger de la distribution des dites lettres et paquets de lettres, autres que ceux qui seront commis par le dit Patin et ses intéressés, à peine de trois cents livres d'amende pour chacune contravention qui ne pourra être remise ni modérée pour quelque cause que ce soit, applicable le tiers au dénonciateur, s'il y en a, le tiers à l'hôpital des lieux où les contraventions auront été découvertes, et l'autre tiers au profit du dit Patin et de ses intéressés, et de confiscation des équipages dans lesquels les dites lettres auront été saisies. Permet, pour cet effet, Sa Majesté au dit Patin, de faire visiter par ses procureurs, commis et préposés, les coches, carrosses, litières, paniers, valises, bâteaux et magasins d'iceux, pour reconnaître s'il n'y aura pas été mis, caché ou recélé des lettres pour passer en fraude ».

Louis XV et Louis XVI.

Voilà donc établi le monopole de la poste royale, monopole dont la législation actuelle a conservé les principales règles. Il restait pourtant encore quelque chose à faire : l'expropriation complète du privilège des messagers.

Ni Lazare Patin, ni son successeur Coulombier n'avaient remboursé entièrement à l'Université le montant des contrats passés par elle avec d'autres messagers. Elle se plaignit du préjudice que cet état de choses lui causait.

Par lettres patentes du 14 avril 1719, il devrait être remboursé à l'Université de Paris, une indemnité égale au vingt-huitième du bail de la ferme générale des postes, et en échange les messageries de l'Université furent réunies à la Ferme des Postes.

Le monopole de l'Etat a ainsi englobé les privilèges rivaux. Cependant, par tolérance on maintint aux messagers royaux et aux messagers de l'Université le droit de transporter les lettres des particuliers, mais avec cette double restriction, qui rend peu importante cette tolérance, qu'ils ne pourront marcher que de jour et qu'ils ne pourront transporter de lettres que de ou pour la ville où ils sont établis. (Lettres patentes du 17 avril 1721). Ces restrictions rendaient à peu près nulle la concurrence de ces messagers.

A maintes reprises pourtant, l'autorité publique dût intervenir pour la protection du monopole.

L'arrêt du Conseil d'Etat du 3 février 1728, rappela aux messagers qu'ils ne devaient transporter d'autres lettres que celles échangées entre les deux termes de leur parcours (1). Le bail à ferme du 11 septembre 1729, l'arrêt du conseil du 30 mai 1730 renferment des dispositions semblables. Ce dernier arrêt défendait en outre à tous particuliers de recevoir en dépôt chez eux des lettres pour les transmettre ou les distribuer.

1. Belloc, *op. cit.*

Législation actuelle.

L'ancien régime avait établi le monopole de la poste royale après une lutte bien longue contre les messagers. La Révolution voulut maintenir à son tour le monopole ; et ce fut l'Etat lui-même qui l'exploita en régie. Bien plus facilement qu'avec le système de la ferme générale se dégagera la notion de service public ; les postes seront désormais considérées, non plus comme un moyen fiscal, mais comme un instrument de progrès et de civilisation.

Ce fut en même temps comme moyen de centralisation politique que les règles de la monarchie sur le monopole de la poste furent conservées par la législation révolutionnaire.

Les principaux actes relatifs au monopole sont :

La loi des 26-29 août 1790 (t. III, art. 4) ;

Le décret des 9-13 avril 1793 (art. 7) ;

Le décret des 24-30 juillet 1793 (art. 6) ;

Les arrêtés du Directoire du 2 nivôse an VI,

Du 7 fructidor an VI,

Du 26 ventôse an VII ;

Et enfin l'arrêté du 27 prairial an IX,

Et l'arrêté du 19 germinal an X.

La 2e partie de notre étude aura pour objet les dispositions de ces actes, la législation actuelle du monopole postal.

DEUXIÈME PARTIE

Législation du monopole postal en France.

CHAPITRE PREMIER

Objet du monopole.

Le monopole de la poste comprend deux catégories de correspondances :

1° Les dépêches expédiées pour le service de l'Etat;

2° Les correspondances des particuliers.

I. — Dépêches expédiées pour le service de l'Etat.

La poste, nous l'avons vu, fut créée et pendant longtemps employée pour le seul service du prince. Pendant longtemps, le souverain seul ou les personnes voyageant pour les affaires du souverain, pour les affaires d'Etat, purent se servir de la poste. L'évolution qui s'est faite depuis trois siècles a été le très grand développement d'une fonction autrefois tout à fait exceptionnelle ou même illégale de ce service : le transport des correspondances privées. Les deux fonctions coexistent cependant encore, se distinguant l'une de l'autre en ce que les correspondances des services de l'Etat sont transportées généralement en franchise, tandis que les correspondances privées sont soumises à des taxes fixées par la loi.

La règle posée par l'article 2 de l'Instruction générale sur le service des Postes relativement aux correspondances des services publics est ainsi formulée :

« Le services des postes est exclusivement chargé du transport :

1° Des dépêches expédiées pour le service de l'Etat ».

Certaines catégories de correspondances de l'espèce sont cependant exceptées du monopole. Ce sont :

1° Les lettres de service transportées sous bande, d'un poste à l'autre, par les agents des douanes qui doivent être porteurs d'une feuille signée de leurs chefs leur donnant commission d'effectuer ce transport ; cette feuille doit indiquer le nombre et les adresses des lettres ainsi transportées ;

2° Les avertissements des receveurs de l'enregistrement distribués ouverts et sans frais par les soins des maires aux redevables de cette administration, (Décision ministérielle du 6 avril 1831) mais sans réciprocité de la part des destinataires (voir circulaire du 30 novembre 1836) ;

3° Les avertissements des percepteurs aux contribuables de leur circonscription.

Franchise. — La franchise est l'exemption de taxe

accordée par la loi à certaine correspondances transportées par la poste relatives au service de l'Etat.

Il y a plusieurs espèces de franchises : celle qui résulte de la qualité seule de l'envoyeur (Président de la République, sous-secrétaire d'Etat des Postes et Télégraphes) ; celle qui est accordée à la qualité seule du destinataire (ministres, présidents des grands corps de l'Etat, procureur de la République, préfets dans leur départements etc.) ; celle qui résulte des qualités réunies de l'envoyeur et du destinataire. La qualité de l'envoyeur doit apparaître sur la suscription d'après un mode établi qu'on appelle *contre-seing*.

La base de la législation des franchises est dans l'ordonnance royale du 17 novembre 1844 ; les détails sont contenus dans le *Manuel des franchises*.

II. — Correspondances des particuliers.

Nous avons exposé plus haut l'évolution qui s'est produite dans les fonctions du service des postes. Le transport des correspondances privées, à l'origine absolument interdit, plus tard autorisé exceptionnellement, puis service facultatif, est devenu un monopole pour l'Etat.

Que comprend donc, quant à la correspondance des particuliers, le monopole du service des Postes ?

L'arrêté des consuls du 27 prairial an IX, (art 1er) renouvelant les dispositions des arrêts du Conseil du Roi des 18 juin et 29 novembre 1681, de la déclaration du

Roi du 3 février 1728, de l'ordonnance royale du 16 mai 1765, et ordonnant à nouveau l'exécution des lois des 26-29 août 1790 (art. 4) et 27 septembre 1792 et de l'arrêté du 26 ventôse an VII, défend « à tous les entrepreneurs de voitures libres et à toute personne étrangère au service des postes de s'immiscer dans le transport des lettres, journaux, feuilles à la main et ouvrages périodiques, paquets et papiers du poids de 1 kilog. (ou 2 livres) et au-dessous, dont le port est exclusivement confié à l'administration des postes aux lettres ».

Ce texte donnait à l'Etat le monopole du transport : 1° des lettres, 2° des journaux et publications périodiques, 3° des paquets et papiers au-dessous de 1 kilog. La loi du 6 avril 1878 (art. 8) a supprimé le monopole en ce qui concerne les journaux et imprimés de toute nature, à condition qu'ils soient expédiés « soit sous bandes mobiles ou sous enveloppes ouvertes, soit en paquets faciles à vérifier ».

Actuellement donc le monopole de la Poste quant aux correspondances privées s'applique seulement aux deux sortes d'objets suivants :

1° Lettres ;

2° Paquets et papiers au-dessous de 1 kilog.

A. — Lettres.

Il est difficile de donner une définition précise du mot *lettre* ; car les correspondances peuvent affecter les formes les plus diverses, et en outre telles ou telles de ces correspondances seront soumises à des règles différentes quant au monople de la poste selon qu'elles seront transportées par telle ou telle personne. Nous adopterons la définition suivante qui nous paraît suffisamment précise : « Tout objet manuscrit ou imprimé, expédié sous enveloppe close ou à découvert, présentant un caractère de correspondance actuelle et personnelle » (1).

Correspondance *actuelle* et *personnelle* : tels sont les traits qui caractérisent une *lettre*. Seront donc exclues du monopole : les correspondances anciennes, les lettres autographes de personnages célèbres et autres documents analogues, car ces correspondances ne sont pas, celles-ci personnelles, celles-là actuelles.

L'absence de date, de signature, de lieu d'origine, de lieu où la remise doit être faite n'enlève pas à un écrit sa qualité de lettre missive. (Ainsi jugé par un arrêt de la Cour de Cassation du 16 janvier 1841, cassant et annulant un arrêt rendu par la Chambre correctionnelle de la cour royale du Bordeaux le 25 novembre 1840) (2).

Il importe peu en outre que les lettres soient cachetées ou non. Aucune distinction n'est faite à ce sujet par les textes établissant le monopole. Aussi la jurisprudence s'est toujours refusée à admettre une différence entre les unes et

1. Jaccottey : *Traité de législation et d'exploitation postales.*
2. Dalloz, *Rép.*, t. XXXVI, p. 35, note 2.

les autres (Cass. 18 février 1820, deux arrêts : affaire Guingamp et affaire Moreau; Cass. 22 avril 1830: Cass. 17 février 1832 ; Cass. 23 novembre 1837 ; Cass. 13 juin 1839 (1).

Ne rentrent pas dans le privilège de l'Administration les lettres concernant les intérêts propres de celui qui en est porteur (v. arrêt de la Cour de Grenoble du 30 octobre 1833, D. *Rép.*, *Postes*). D'après la même interprétation de l'art. 2 de l'arrêté du 27 prairial an IX, la jurisprudence décide avec raison que les lettres de recommandation, transportées par le particulier qu'elles concernent, sont en dehors du monopole (Cass. 14 mai 1842, D. *Rép. Postes*).

B. — Paquets et papiers.

Les paquets et papiers du poids d'un kilogramme et au-dessous constituent la seconde catégorie des objets dont le transport est exclusivement réservé à l'administration des Postes (arrêté des consuls du 27 prairial an IX, art. 1er). Mais il y a lieu de se demander quel est le sens exact de cette expression « paquets et papiers ».

L'arrêté de prairial an IX a-t-il voulu soumettre au monopole, outre les papiers, les paquets de marchandises ? On serait à première vue porté à le penser. Pour l'interprétation exacte de cette expression, il faut rappro-

1. D., p. 21.

cher des termes de l'arrêt de l'an IX ceux de l'arrêt du Conseil du Roi du 29 novembre 1681 constituant le privilège des Postes :

« .... Sa Majesté a fait et fait très expresses inhibitions et défenses...., et à toutes autres personnes, de quelque qualité et condition qu'elles soient...., se chargent d'aucunes lettres ni paquets de lettres »...

Dans cet arrêt la même expression « paquet de lettres » est employée encore deux fois à quelques lignes d'intervalle.

Du reste l'administration des Postes a toujours interprété le mot « paquet » dans le sens de paquet de papiers. « L'administration ne croit point que la prohibition prononcée par l'art 1, de l'arrêté du 27 prairial doive s'étendre à tous les paquets indistinctement, et son opinion à ce sujet est que le droit du gouvernement doit se borner au transport des papiers seulement » (1).

Peuvent donc être transportés autrement que par la poste, sans qu'il y ait contravention, les paquets contenant des objets autres que des objets de correspondance, lors même que ces paquets pèsent moins de 1 kilogramme. Ainsi jugé par la Cour de Douai, dans l'affaire Leclercq trouvé porteur de deux paquets d'échantillons de mercerie de très faible poids et poursuivi pour contravention au monopole de la poste : « Attendu, dit la Cour,

1. Affaire Hamoir ; avis de l'Administration cité par le procureur général (D., *Rép.*, *Postes*, p. 22).

que la prohibition de la loi sainement entendue ne porte que sur les paquets d'un kilogramme et au-dessous qui se composent de lettres, paquets de lettres, ou papiers de correspondance, et nullement sur les paquets de même poids qui, comme dans l'espèce, ne contiendraient que des échantillons de mercerie » (Cour de Douai, 4 mars 1831) (1).

Quels sont donc les papiers dont le transport est réservé à l'administration lorsqu'ils sont en paquets pesant moins de 1 kilog. ?

Ce ne sont pas les lettres missives constituant une correspondance actuelle et personnelle, dont le transport, même lorsqu'elles pèsent plus de 1 kilogramme, est réservé à l'Etat ; les termes généraux de l'art. 1er de l'arrêté du 27 prairial an IX ne laissent aucun doute à ce sujet (v. Cass. 17 février 1837). Il importe peu du reste que les lettres soient isolées ou qu'elles soient renfermées dans des colis ou paquets de poids supérieur à 1 kilogramme. (Cass. 1er février 1834, 17 février 1837) ;

Ce ne sont pas les journaux politiques ou autres, ni les publications diverses, ni les imprimés de toute nature qui peuvent, quelqu'en soit le poids être transportés autrement que par la poste (loi du 6 avril 1878, art. 8) ;

Ce ne sont pas non plus les dossiers de procéduret formellement exceptés du monopole (arrêté du 27 prairial an IX, art. 2) ; ni les papiers non écrits, tels que les regis-

1. D. Rép. v° *Postes* p. 35; v. aussi Cass. 6 Déc. 1828, *ibid.* p. 21.

tres qui ne peuvent être considérés comme objets de correspondance et rentrent plutôt dans la catégorie des marchandises ; ni les cartes, plans ou dessins.

Il faut entendre par ces mots *paquets et papiers* les papiers écrits, et non imprimés, qui ne forment pas une correspondance actuelle ; par exemple les lettres de date ancienne, les manuscrits d'auteur, les épreuves d'imprimerie corrigées, les factures non jointes à des marchandises, les comptes de gestion, les polices d'assurances, les mémoires de travaux, les cahiers des charges, les devoirs d'élèves, les titres, les documents relatifs à des affaires dont les tribunaux ne sont pas saisis et qui ne peuvent être considérés comme dossiers de procédure, etc., en un mot tous les papiers de commerce ou papiers d'affaires.

Ces sortes d'écrits ne sont exceptés du monopole, lorsqu'ils dépassent le poids de un kilog., qu'à la condition de ne rien contenir ayant le caractère d'une correspondance (Cass. 21 juin 1844).

Exceptions au monopole de la Poste.

Un certain nombre d'objets manuscrits ne sont pas soumis au monopole de la Poste, quoique pesant moins de 1 kilogr. Nous allons passer en revue ces exceptions qui sont pour la plupart aussi anciennes que le monopole luimême.

1° *Sacs ou dossiers de procédure.*

Nous trouvons l'origine de cette exception au monopole

dans un édit d'octobre 1525 rendu en faveur des messagers royaux. Par cet édit, François 1er enjoignait aux greffiers des juges, d'envoyer les procès des parties « dont aura été apellé au Parlement, après les avoir clos, évangélisés et scellés, par un seul messagier s'il se peut, à qui ils donneront une certification, portant le nombre de procès qu'ils lui auront remis pour après être taxez et payez par qui il appartiendra, et autrement ne sera taxé aucune chose à iceux messagers » (1).

C'était là une faveur marquée accordée aux messagers royaux; et cette faveur fut toujours maintenue par les successeurs de François 1er. C'est ainsi qu'un édit de Charles IX de janvier 1573 réduisait, « attendu la cherté des tems », de douze deniers tournois par lieue à deux sols tournois la taxe due aux messagers royaux pour le port au greffe du Parlement des « sacs des procès par écrit, enquestes, informations et aultres », que les greffiers de bailliages, sénéchaussées, prévôtés, vicomtés et autres sièges ressortissant au Parlement de Paris étaient tenus d'envoyer par l'intermédiaire desdits messagers, « encore que les parties ne le requissent, sur peine du quadruple toutes fois » (2).

Ce privilège des messagers royaux est encore confirmé, réglementé et entouré de garanties par un édit de novembre 1576.

1. Belloc. *Les Postes françaises.*

2. Id., *ibd.*

Cette réglementation était nécessitée par les abus nombreux qui se produisaient dans l'envoi des pièces de procédure au Parlement : fréquemment les greffiers se chargeaient eux-mêmes du transport des dossiers, au lieu de les confier aux messagers royaux, afin d'éviter de leur payer le prix du transport ; parfois encore, confiant ces dossiers aux messagers royaux, ils leur faisaient consentir une réduction et les messagers recouvraient la différence en exigeant une taxe des parties ; de là des difficultés nombreuses, en particulier des retards dans la transmission des pièces, surgissaient journellement.

L'édit de 1576, rendant définitive et régulière l'institution des messagers royaux, créa un ou deux offices de messagers ordinaires auprès de chaque siège de bailliage, sénéchaussée, élection « pour y être pourveus de personnes capables et de prudhomie requise duement cautionnez de la somme de cinq cents livres pour une fois en payant pour les pourveus des dits offices la finance à laquelle chacun d'iceux sera taxé ; lesquels messagers seront reçus et feront le serment en cours de Parlement et des Aydes chacun en sa province ». Après avoir déterminé les fonctions des dits messagers et leur avoir interdit d'ouvrir les sacs qu'ils ont à transporter, « sous peine de privation de leur état et de punition corporelle »,l'édit confirme formellement leur monopole. « Défendons aussi très expressément à tous les greffiers de nos dites cours de Parlement et des Aydes de recevoir aucun sac des dits procez par écrit, enquestes, informations et autres procédures par les mains d'autres personnes que les dits messagers, même par les mains des greffiers des sièges, à peine de cinq cents livres tournois d'amende. Pareillement défendons à toutes personnes de quelque estat, qualité ou condition autres que les dits messagers ou leurs commis de se charger des sacs pour les porter ès dits greffes sur pareille peine d'amende ».

La royauté trouvait son compte à la constitution de ce monopole des messagers royaux, car ces charges étaient une source de revenus pour elle. Aussi rencontrons-nous sous l'ancien régime de nombreuses décisions maintenant strictement le monopole : tels sont les arrêts du Parlement du 5 avril 1642, 9 août 1737, 29 avril 1760, 30 juillet 1763.

L'art. 2 de l'arrêté des conseils du 27 prairial an IX, conservant la tradition de l'ancien régime, excepte du monopole de la poste le transport des « sacs de procédure ».

Au sujet de l'interprétation de ces mots *sacs de procédure, dossiers de procédure*, des difficultés se sont élevées.

Faut-il entendre par ces mots *sacs* ou *dossiers* un ensemble de pièces de procédure? Une pièce de procédure isolée bénéficiera-t-elle de l'exception prévue par l'art. 2 de l'arrêté de l'an IX? Ainsi des exploits retournés à un huissier par un receveur de l'enregistrement pourront-ils être transportés autrement que par la poste, sans qu'il y ait contravention? L'Administration semble vouloir faire admettre une interprétation restrictive des mots *sacs* et *dossiers* et entendre par là : pièces relatives à une procédure suivie devant un tribunal. La jurisprudence s'est montrée plus large. Voici comment s'exprime la Cour de Poitiers dans son arrêt du 14 janvier 1837 (affaire Bazire) : « Attendu qu'une procédure peut se composer d'une seule pièce, de l'exploit qui lui sert de base et qui en fait le principal élément, comme d'un dossier plus volumineux, aucune disposition de la loi n'établissant de combien de pièces se composerait une procédure, ni à quel point de l'instruction une procédure devrait être parvenue pour que le porteur put jouir de la faveur de l'art. 2 de l'arrêté de l'an IX » (D., *Rép.*, v. *Postes*).

Un protêt est-il une pièce de procédure ?

Au point de vue de notre exception la jurisprudence l'admet. Un arrêt de la cour de Douai, en date du 11 janvier 1837, s'exprime de la façon suivante : « Attendu que le renvoi que fait un huissier à son client d'un billet à ordre qu'il a protesté, avec une note non cachetée indiquant au voiturier la remise qu'il doit faire de ces pièces de procédure à l'individu qu'elles concernent, rentre incontestablement dans la double exception faite par l'article 2 de l'arrêt du 27 prairal an IX en faveur des sacs de procédure et des papiers uniquement relatifs au service personnel des entrepreneurs de voitures ». — Dans son pourvoi contre cet arrêt le ministère public contesta au protêt la qualité de pièce de procédure ; « Un protêt n'est point *a priori* un acte de procédure, c'est un acte conservatoire de droits, et il ne devient acte de procédure que du jour où un recours est exercé par le porteur contre le tireur ou les endosseurs ; jusque-là c'est un titre, un acte possible de procédure ; mais il manque du caractère essentiel pour constituer l'exception de l'art. 2 de l'arrêté de l'an IX. Le protêt peut être fait par notaire, et ce n'est pas plus un acte de procédure que ne le serait tout autre acte conservatoire fait extra-judiciairement ».

Sans s'arrêter à ces subtiles distinctions, la cour de Cassation, par son arrêt du 16 février 1839, rejeta le pourvoi, confirmant l'interprétation de la Cour de Douai. (D. *Rép.*, v° *Postes*).

Mais on ne considère pas comme pièce de procédure un acte notarié destiné à recevoir les formalités hypothécaires (Cass., 6 novembre 1845 et 13 novembre 1845; v. aussi arrêt de la Cour impériale de Metz du 8 février 1865, réformant un jugement du tribunal de Sedan du 27 décembre 1864).

Il y aura aussi immixtion dans le transport des lettres de la part du voiturier trouvé porteur de divers actes nécessaires à la célébration d'un mariage renfermés dans une enveloppe non cachetée portant cette suscription : « à légaliser et à rapporter », ces papiers ou pièces ne pouvant être considérés, soit comme un sac de procédure, soit comme étant relatifs au service personnel du voiturier. (Cass., 20 mars 1858).

Pas plus qu'aux actes de l'état-civil on ne reconnaît le caractère de pièces de procédure à des bulletins de garnison adressés à des contribuables. (Cass., 3 mai 1850, D. 50.5.358) ; ni à une citation ou à un acte extrajudiciaire de sommation adressés à un avoué. (Cass., 13 novembre 1845, D. 45.4.402).

Les sacs ou dossiers de procédure, qui peuvent être transportés autrement que par la poste, peuvent circuler sous enveloppes cachetées lorsque sur ces enveloppes sont portées les mentions « pièces de procédure », « papiers d'affaires » ou autres mentions analogues faisant connaître la nature des écrits transportés. L'administration des postes peut en ce cas, sans violer le secret des correspondances, procéder à la vérification du contenu de ces enveloppes ; mais le fait de transporter des papiers sous enveloppe fermée et l'absence de vérification ne constituent pas le délit d'immixtion dans le service des postes (v. arrêt de la cour de Poitiers du 14 janvier 1837 ; Cass. 6 novembre et 13 novembre 1845 ; Cass. 20 septembre 1851 ; Cass. 30 novembre 1855), et la preuve du contenu peut toujours être produite.

2e *Papiers relatifs au service personnel des entrepreneurs de voitures et autres moyens de transport.*

Cette exception au monopole est ancienne. Nous la trouvons formellement établie dans l'arrêt du Conseil du du 18 juin 1681 :

« Il est fait très expresses inhibitions et défenses à tous messagers auxquels la finance de leurs offices a été remboursée, et à tous maîtres de coches, carrosses et litières, poulaillers, beurriers, muletiers, piétons, mariniers, bateliers, rouliers, voituriers, tant par terre que par eau, et à toutes autres personnes de quelque qualité et condition qu'elles soient, autres que ceux qui auront droit et pouvoir du dit Patin et de ses intéressés, de se charger ni souffrir que leurs valets ou postillons, et même les personnes qu'ils conduiront par leurs voitures, se chargent d'aucune lettre ni paquet de lettres, mais seulement des lettres de voitures des marchandises qu'ils voitureront, qui seront ouvertes et non cachetées.... »

En termes à peu près semblables l'arrêt du conseil du 29 novembre 1681 prévoit la même exception, défendant aux voituriers et à toute personne de se charger d'aucune lettre ou paquets de lettres, « à la réserve des lettres de voitures des marchandises qu'ils voitureront, lesquelles seront ouvertes et non cachetées ».

Le décret du 26-29 août 1790, établissant une ferme générale des messageries, ordonne qne « ni lesdits fermiers, ni tous autres entrepreneurs de voitures ou transports, ne pourront se charger d'aucune lettre ou papier, autre que ceux relatifs à leur service personnel et particulier » (art. 4, messageries).

L'arrêté du Directoire du 2 nivôse an VI (art. 1er) ; l'arrêté du 7 fructidor an VI (art. 2); enfin l'arrêté du 27 prairial an IX (art. 2) confirment les dispositions des arrêts de 1681.

Il est nécessaire de remarquer que les termes des arrêts de 1681 sont plus restrictifs que les termes des arrêtés de la période révolutionnaire.

En effet les arrêts de 1681 n'exceptent que les « lettres de voitures des marchandises voiturées », tandis que l'arrêté du 27 prairial, reproduisant les expressions des arrêtés de 1790 et de l'an VI, excepte les « papiers uniquement relatifs au service personnel des entrepreneurs de voitures » (art. 2).

Quels seront donc les papiers qui pourront être qualifiés *relatifs au service personnel* des entrepreneurs de voitures ?

Ces papiers nombreux et de natures diverses peuvent être classés en trois catégories :

a. — Papiers relatifs à l'exploitation même du service de l'entreprise ;

b. — Papiers relatifs à la livraison, à l'enlèvement, au transport des marchandises ;

c. — Papiers ayant un rapport plus intime avec les marchandises, ce que nous appellerons papiers d'identification des marchandises.

A. — *Papiers relatifs à l'exploitation même de l'entreprise.*

L'exception de l'article 2 de l'arrêté du 27 prairial an IX a évidemment pour premier objet les papiers relatifs à l'exploitation de l'entreprise, lorsque ces papiers circulent par le matériel de l'entrepreneur de transport et sur la ligne qu'il exploite (Instr. gén., art. 2). Ne constituera donc pas une infraction à l'arrêté du 28 prairial le fait par un conducteur de voitures publiques d'avoir transporté une lettre non cachetée, adressée par un des entrepreneurs de voitures publiques à un de leurs relayeurs et dont toutes les énonciations sont relatives à son service (Cass. ch. crim., 8 février 1845, D. P. 46. 4. 405). Les ordres des compagnies de chemins de fer à leurs agents, les rapports et réponses de ces agents doivent être compris dans l'exception, à la condition de circuler, non cachetés, sur les lignes de la compagnie et de n'être relatifs qu'au service.

Cette exception en faveur des « papiers uniquement relatifs au service personnel des entrepreneurs de voitures » ne peut s'étendre aux lettres concernant les affaires générales des entreprises de voitures publiques ou de chemins de fer (Cass. 24 novembre 1854, D. 55.1. 188), encore moins aux lettres concernant les affaires privées des entrepreneurs (Cas. 15 avril 1837, D. *Rép.*, v° *Postes*, n° 101, note 1 ; Cass. 2 octobre 1840 ; Cass. 7 et 15 juin 1844 ; Cass. 5 avril 1845 ; Cass. 16 septembre 1853).

B. — *Papiers relatifs au service de l'entrepreneur de voitures.*

Ce sont les papiers nécessaires à l'entrepreneur de voitures pour l'exercice de sa profession, pour le transport, l'enlèvement ou la livraison des marchandises qu'on lui confie.

On range dans cette catégorie :

1° Les lettres de voiture : c'est l'avis au destinataire de

la marchandise. C'est là proprement l'exception prévue par les arrêts de 1681 : «.... à la réserve des lettres de voitures des marchandises qu'ils voitureront ». Elles ne doivent contenir que les énonciations indispensables à la livraison de l'objet même ou des objets que la lettre de voiture accompagne, à l'exclusion de toute autre mention présentant le caractère de correspondance.

On comprend dans la même catégorie :

a) Les factures ;

b) Les papiers de bord des navires : le journal de bord (C. Co., art. 234), l'acte de propriété du navire, l'acte de francisation, le rôle d'équipage, le congé, la patente de santé, les chartes-parties, les connaissements, le manifeste ;

c) Les acquits à caution, les passavants et les déclarations en douane qui accompagnent les marchandises transportées par terre ou par mer (arrêté du 19 germinal an X, art. 7).

2° Les notes de commission.

L'article 2 de l'arrêté du 27 prairial an IX, élargissant les termes des arrêts de 1681, établit l'exception en faveur des « papiers uniquement relatifs au service personnel des entrepreneurs de voitures ». La jurisprudence considère dès lors comme rentrant dans la catégorie des lettres de voiture « les lettres et papiers non cachetés qui, à raison de leur relation avec les marchandises transportée ou à transporter par le voiturier qui en a été trouvé porteur, peuvent être assimilés aux lettres de voiture »

(Cour de Nancy, Ch. Crim., arrêt du 31 mars 1841, *D. Rép.*, *Postes*). On ne pourra donc condamner comme, s'étant immiscé dans le transport des lettres, le voiturier qui transporte d'une ville à une autre une lettre non cachetée adressée à un négociant et ayant pour but d'opérer sur sa voiture un chargement de marchandises; « l'on doit nécessairement assimiler de semblables lettres aux lettres de voiture de marchandises transportées », écrits rentrant dans l'exception de l'article 2 de l'arrêté du 27 prairial an IX relative aux papiers tenant au service naturel des entrepreneurs de voitures (Cass., ch. crim., 25 mars 1843, *D. Rép.*, p. 32).

Le voiturier trouvé porteur d'une lettre non cachetée adressée par un marchand d'une ville à un marchand d'une autre ville par laquelle il est fait commande de marchandises que le dit voiturier est chargé de rapporter ne contrevient pas à l'arrêté du 28 prairial. Un tel papier est considéré comme une lettre de voiture destinée au service personnel du voiturier (Cass. ch. crim. 2 avril 1848).

Rentrera aussi dans notre exception la lettre non cachetée, dont est porteur un messager, ayant pour objet, en transmettant à un marchand l'échantillon d'une marchandise, de lui en demander d'autres que le voiturier est chargé de rapporter (Cour de Douai, arrêt du 14 novembre 1854. D. 55, 2. 98). Mais il en serait autrement si les lettres contenant commande de marchandises ne donnent pas en même temps mission au messager de les rapporter; ces lettres sont de véritables missives envoyées à des tiers (Orléans, 7 février 1848).

Il y aura à plus forte raison immixtion dans le service des postes dans le fait pour un voiturier de transporter des lettres relatives à des objets autres que ceux qu'il transporte ou qu'il a commission de rapporter (Cass. 28 janvier 1848 ; Cass. 16 septembre 1853).

L'exception de l'article 2 n'est pas applicable à des lettres ayant pour objet de livrer des marchandises à un autre qu'au porteur de ces lettres (Orléans, 26 septembre 1846).

Il est prescrit de façon générale que les lettres de voiture ou autres papiers analogues ne doivent contenir aucune énonciation étrangère au service du voiturier.

Toute mention étrangère à ce service rend inapplicable l'exception de l'article 2; peu importe que cette mention soit occasionnelle et sans importance. Ainsi la mention « mes amitiés à votre famille » insérée, dans une lettre donnant commission à un messager, fera considérer cette lettre comme lettre étrangère au service du messager (Cass., 2 octobre 1840 et 17 mars 1841 ; Limoges, 4 juillet 1838 ; Cass., 7 juin 1844 ; Cass., 5 avril 1845 ; Cass., 22 février 1839 et 20 mars 1840; Cass., 30 décembre 1841).

L'article 2 de l'arrêté du 27 prairial an IX, exceptant du monopole les papiers uniquement relatifs au service personnel des entrepreneurs de voitures, tout en modifiant et généralisant les termes des arrêts de 1681, ne change pas les conditions auxquelles les dits arrêts de 1681 subordonnent l'exception prévue : les papiers dont nous parlons doivent être transportés non cachetés. « Il résulte de la combinaison de l'article 2 précité avec les dispositions des règlements et arrêts du conseil des 18 juin et 29 novembre 1681, maintenus en vigueur par l'arrêté du 26 ventôse an VII, que l'exception dont il s'agit ne comprend que les lettres de voiture des marchandises que ces messagers voitureront, lesquelles doivent être ouvertes et non cachetées, et que si l'arrêté de l'an IX étend l'exception à tous les papiers relatifs au service personnel des entrepreneurs, ces papiers doivent être assujettis aux mêmes conditions que les lettres de voiture elles-mêmes » (Cass. Ch. crim., 11 juin 1842, D. *Rép.*, v° *Postes*).

Le messager porteur d'une lettre cachetée contrevient, par cela seul qu'elle est cachetée, à l'arrêté du 27 prairial an IX, encore bien qu'il justifierait que le contenu de cette lettre est exclusivement relatif à son service personnel (Cass., 19 avril 1845. D. 45. 4. 301) : par exemple, autorisant le voiturier à retirer des marchandises de chez le destinataire pour les transporter sur sa voiture chez l'auteur de la lettre (Cass., 27 septembre 1839 et 20 mars 1840); ou que la lettre n'est qu'une lettre d'envoi accompagnant des marchandises (Cass., 11 juin 1842); ou ne contient que des pièces relatives au service de l'entrepreneur de roulage (Cass., 8 août 1840. Cour d'Orléans, 31 octobre 1840), etc. Même règle pour les papiers assimilés aux lettres de voitures : notes de commission, etc. (Cass., 2 avril 1840).

La présomption légale est que toute lettre cachetée saisie entre les mains d'un voiturier est étrangère à son service, et il n'est pas permis aux agents qui opèrent la saisie d'en vérifier le contenu. Conformément à l'art. 5 de l'arrêté du 27 prairial et à l'article 1er du décret du 2 messidor an XII, la lettre saisie doit être déposée au bureau de poste le plus voisin et expédiée en rebut à Paris, d'où elle ne peut être rendue que sur réclamation et à la charge de payer le double de la taxe ordinaire.

Il résulte de ces dispositions et du principe de l'inviolabilité du secret des lettres qu'on n'a pu décacheter la lettre pour prendre connaissance de son contenu et rechercher si elle pouvait être assimilée aux papiers dont parle l'article 2 précité (Cass. 20 mars 1840, D. *Rép.*, v° *Postes;* v. aussi : Cass. 13 mai 1820, 11 juin 1842, 2 avril 1840). Ce dernier arrêt a jugé qu'il y avait contravention, bien qu'au moment de la saisie de la lettre le voiturier en ait rompu le cachet.

Mais il n'y aura pas contravention si le voiturier à qui est remise une lettre cachetée la décachète au moment où il consent à s'en charger, (Cass. 25 mars 1843, D. *Rép.*, v° *Postes*, n° 91, n. 1).

La présomption légale de contravention par le fait de transporter des lettres cachetées pourra cependant être combattue. La preuve pourra être faite par la production des lettres saisies et le prévenu pourra obtenir un délai

suffisant pour que ces lettres envoyées en rebut lui soient renvoyées pour les produire en justice (Cass. 19 avril 1845. D. 45, 4, 401).

Mais la jurisprudence n'admet pas que le prévenu puisse prouver par témoins que le contenu des lettres saisies les plaçait dans le cas d'exception prévu par la loi (même arrêt) ; encore moins que la seule déclaration du prévenu fasse à elle seule disparaître tout caractère de contravention (Cass. 16 janvier 1841).

C. — *Papiers d'identification des marchandises.*

Ce sont des papiers ayant un rapport intime avec les marchandises qu'elles accompagnent et que l'Administration assimile aux papiers relatifs au service personnel des entrepreneurs de voitures, quoique les mentions qu'ils contiennent ne soient pas toujours nécessaires au voiturier pour le transport la livraison ou l'enlèvement des dites marchandises.

Ces papiers sont :

a). — Les bulletins fiches ou étiquettes joints à des marchandises quelconques, fabriquées ou non fabriquées, expédiées par messageries ou chemin de fer, et contenant,indépendamment des numéros d'ordre, les indications en chiffres, lettres ou mots nécessaires à la reconnaissance ou à la livraison de ces marchandises, (décision ministérielle du 3 mai 1876).

b). — Les bordereaux récapitulatifs accompagnant également les dites marchandises et contenant les mêmes indications, (même décision).

c). — Les étiquettes jointes à des pièces d'étoffe échangées entre fabricants et ouvriers, par la voie des messageries ou des chemins de fer, et sur lesquelles sont inscrits des numéros seulement. (Décision ministérielle du 14 février 1876).

d). — Les étiquettes jointes à des pièces d'étoffe échangées entre fabricants et ouvriers et sur lesquelles sont inscrits des instructions relatives à la nature du travail à exécuter ou des renseignements sur le travail effectué, mais seulement, dans ce dernier cas, lorsque les pièces d'étoffe sont transportées par des exprès ou par des personnes attachées spécialement au service des fabricants ou commerçants expéditeurs ou destinataires, (même décision).

Les papiers dont il est ici question doivent, comme les papiers des deux catégories précédentes, être expédiés à découvert sous bandes ou sous enveloppes ouvertes ou bien être attachés aux marchandises qu'ils accompagnent, mais de façon à pouvoir être facilement vérifiés.

3° *Paquets et papiers pesant plus d'un kilog.*

Nous avons dit ci-dessus que les paquets et papiers au dessous de 1 kilog. rentraient dans le monopole de la Poste, et nous avons dit ce qu'il fallait entendre par ces mots « paquets et papiers ». Les papiers au dessus du poids de 1 kilog. peuvent être transportés et distribués librement, au même titre que les marchandises et les journaux et imprimés (arrêté du 27 prairial an IX).

Mais cette disposition de l'arrêté de l'an IX n'autorise

pas à insérer dans les paquets de papiers pesant plus de 1 kilogramme des lettres ou notes ayant un caractère de correspondance actuelle et personnelle, pas plus qu'on ne peut insérer ces lettres ou notes dans des paquets contenant autre chose que des papiers ; il importerait peu que ces lettres soient contenues dans des paquets n'ayant aucune analogie de forme extérieure avec des lettres ou papiers mis sous enveloppe(Cass. 21 juin 1844). L'exception ne peut s'appliquer qu'à des paquets dont tout le contenu concerne la même personne (Cass. 17 février 1837).

Si les papiers dont il est ici question sont expédiés dans des boîtes, il ne faut considérer que le poids des papiers ; les boîtes ne sont considérées que comme moyen de transport, non comme objets transportés (Cass. 1er février 1834).

La condition de notre exception étant une condition de poids, il est absolument nécessaire, pour établir la contravention, d'établir le poids du paquet saisi. Le procès-verbal devra à peine de nullité mentioner ce poids (Cass. 17 germinal an X, D. *Rép.*, v° *Postes*).

4° *Registres, cartes, plans.*

La dernière exception au monopole comprend : les papiers non écrits, tels que les registres, qui rentrent dans la catégorie des marchandises ; les cartes et plans qui sont assimilés aux imprimés.

CHAPITRE II

Contraventions au monopole.

L'objet du monopole de la poste étant déterminé il nous reste à étudier les infractions à ce monopole. Nous aurons à examiner successivement :

Par qui la contravention peut être commise ;

Actes qui constituent la contravention ;

Constatation des contraventions ;

La sanction ;

I. — Par qui la contravention peut être commise.

A. — *Personnes pouvant transporter des lettres sans être en contravention.*

Deux catégories de personnes peuvent, sans tomber sous le coup des prohibitions relatives au monopole postal, transporter des lettres quelconques. Ces deux catégories de personnes, très différentes, sont :

1° Les exprès.

2° Les agents des postes.

1°. — *Les exprès.*

On entend par exprès une personne chargée par mission spéciale de transporter et de faire parvenir au destinataire un ou plusieurs objets de correspondance.

L'administration et la jurisprudence considèrent les exprès comme ne tombant pas sous le coup des prohibitions de l'arrêté du 27 prairial an IX. Sont considérés comme exprès :

Le commissionnaire lorsqu'il porte uniquement une lettre qu'il est chargé de remettre au destinataire ; le domestique portant une lettre d'un lieu à un autre par mission spéciale de son maître (Cass. 17 juin 1830) ;

Le domestique portant plusieurs lettres cachetées adressées par son maître à différentes personnes domiciliées dans la même ville (Cass. 24 septembre 1847, 20 juillet 1848) ;

Le domestique rapportant les réponses aux lettres qu'il était chargé de remettre ;

Le domestique conduisant la voiture de son maître et étant exclusivement à son service peut porter les lettres envoyées par celui-ci (cass. 3 décembre 1843) ;

Mais le maître ne pourra employer pour le transport de ses lettres son domestique, si celui-ci effectue des voyages réguliers pour d'autres transports (Nancy, 11 nov. 1861).

Seront encore considérés comme exprès :

Le clerc de notaire portant les lettres que celui-ci adresse à ses clients ;

L'élève portant à destination une lettre que lui remet l'instituteur ; etc.

Cette exception des exprès est conforme à la raison et à l'esprit de la loi. En effet, pour être en contravention avec l'arrêté du 27 prairial, il faut s'être « immiscé dans le transport des lettres dont le port est exclusivement confié à l'administration des postes » (art 1er) ; « il résulte évidemment de ces dernières expressions du législateur, ainsi que du but qu'il s'est proposé, qu'une condition essentielle de la contravention punissable en cette matière est que le fait reproché soit au moins de nature à occasionner un préjudice à l'administration des postes, en la privant de la rétribution qu'elle aurait perçue s'il n'y avait eu emploi d'un messager particulier ». Presque toujours l'emploi d'un exprès est plus coûteux que le transport par la poste et est nécessité par des cas très urgents ; « il y aura absence de délit toutes les fois qu'il s'agit d'une dépêche qu'il eût été impossible à l'administration des postes de faire parvenir en temps utile à sa destination, et dont par conséquent cette administration n'eût été chargée dans aucune hypothèse, puisqu'en supposant que l'on n'eût point usé d'un moyen extraordinaire de communication, la correspondance fût devenue sans objet pour les parties intéressées » (Caen, 21 juin 1826 : arrêt relatif à un individu chargé de porter une dépêche très pressée adressée à un capitaine de navire qui mettait à la voile le jour même, dépêche que l'administration des postes n'aurait pu faire parvenir en temps utile ; D. *Rép.*, v° *Postes*, n° 71, n. 3).

Ce même arrêt tire encore argument en faveur des exprès de l'article 3 de l'arrêté du 27 prairial an IX, article qui, dit l'arrêt, « révèle le véritable esprit de la législation lorsqu'autorisant les employés qu'il dénomme à faire les visites nécessaires pour la répression de contraventions, il n'assujettit à ces visites que les messagers piétons chargés de porter les dépêches, voitures de messagerie et autres de même espèce, c'est-à-dire les personnes de la part desquelles l'abus est vraiment à craindre ; que s'il n'y a pas lieu peut-être de conclure de ces termes qu'ils doivent avoir pour conséquence forcée l'impunité de tous autres individus qui, par quelque circonstance fortuite, seraient trouvés en contravention, au moins il font connaître, par les limites dans lesquelles ils renferment le droit d'inquisition, que la pensée du législateur n'a point été d'exiger des magistrats qu'ils frappent d'amende, sans discernement ni circonspection, jusqu'à l'exprès dépêché par une mission unique, surtout lorsque cette mission est telle qu'encore une fois elle ne pourrait être remplie par l'administration des postes ».

A ces arguments de texte l'arrêt précité joint des considérations tirées de la raison et de l'équité : « Que si l'on interdisait en pareilles circonstances la faculté de se servir d'un exprès, il faudrait dire que la poste aux lettres, regardée à juste titre, comme un des établissements les plus précieux des temps modernes, deviendrait pour les citoyens une cause insupportable de gêne et d'incommodité dans les occasions les plus importantes ; qu'ainsi par exemple le négociant... etc. »

2° *Les agents des postes.*

Le transport ou la distribution des correspondances par les agents des postes en fraude des droits de l'administration ne constitue pas contravention au monopole postal. Ainsi en décide l'administration des postes elle-même, interprétant à la lettre les termes de l'arrêté du 27 prairial an IX : «... il est défendu à tous les entrepreneurs de voitures libres et à toute autre *personne étrangère au service des postes* de s'immiscer dans le transport des lettres, etc... »

La juridiction disciplinaire de l'Administration sert seule à réprimer ce genre de contravention.

L'article 49 de l'Instruction générale sur le service des Postes s'exprime ainsi à cet égard :

« Est puni de révocation tout agent des postes convaincu :

. . . .

4° D'avoir frauduleusement transmis, transporté ou distribué des télégrammes, des lettres ou autres objets de correspondance ».

Et en note :

« Ce fait ne constitue pas le délit d'immixtion dans le service des Postes commis par une personne *étrangère au service*, dans le sens de l'article 3 de l'Instruction générale ; il n'est pas constaté par procès-verbal et tombe simplement sous la juridiction administrative ».

Mais on ne peut considérer comme agent des postes l'individu commissionné par l'administration des Postes pour transporter les depêches d'une localité à une autre ; et cet individu sera en contravention s'il est trouvé porteur de lettres adressés à d'autres localités que celles qu'il est chargé de desservir (Cass. 3 mars 1827).

B. — *Personnes dans le cas de commettre la contravention.*

Ces personnes sont les entrepreneurs de transports et leurs préposés, les capitaines de navires, les piétons ou commissionnaires, les personnes faisant habituellement des transports pour leur compte, et toutes personnes étrangères au service des Postes.

Il convient de séparer et d'étudier successivement ces diverses sortes de personnes qui peuvent de manières différentes contrevenir aux règles du monopole des Postes.

1° *Les entrepreneurs de transports et leurs préposés*

Les personnes contre lesquelles l'administration des

Postes a eu dès l'origine à défendre son monopole sont celles qui par leur profession peuvent plus facilement faire échec à ce monopole : celles qui font des transports réguliers d'une ville à l'autre.

Les arrêts du Conseil des 18 juin et 29 novembre 1681, interdisant à toutes personnes de s'immiscer dans le transport des lettres, mentionnent en première ligne les messagers, maîtres de coches et litières et leur interdisent sous peine de 300 livres d'amende de se charger d'aucune lettre ou paquets de lettres.

Confirmant les prohibitions de 1681 la loi des 26-29 août 1790 defend « aux fermiers des messageries et à tous entrepreneurs de voitures ou transports de se charger d'aucune lettre ou papiers autres que ceux relatifs à leur service personnel et particulier et les procédures en sac » (3e partie, art. 4, § 5).

La loi du 21 septembre 1792 et les arrêtés du 7 fructidor et du 2 nivôse an VI, du 26 ventôse an VII et du 27 prairial an IX nomment aussi expressément les entrepreneurs de voitures et transports.

Quelles raisons y a-t-il de distinguer des autres cette catégorie de personnes ?

Outre la raison tirée de leur profession même qui donne plus d'occasion et de facilités d'enfreindre les règles du monopole de la poste, il y a une raison relative à la répression de l'infraction : le droit de perquisition n'existe que vis-à-vis des personnes qui font profession de faire des transports d'un lieu à un autre. Les arrêtés de 1681 autorisaient les perquisitions sur toute personne ; moins sévère et plus raisonnable la législation de 1790 et de l'an IX n'autorise pas les perquisitions sur les particuliers (v. ci-après : *Constatation des contraventions*).

Une autre raison est relative aux exceptions au monopole déjà signalées en faveur des voituriers quant aux lettres de voitures et papiers relatifs au service des entrepreneurs de transport (v. ci-dessus *Exceptions au monopole*).

La responsabilité des entrepreneurs de transports est formellement établie par l'arrêté du 27 prairial an IX dont l'article 9 est ainsi conçu :

« Les maîtres de postes, les entrepreneurs de voitures libres et messageries sont personnellement responsables des contraventions de leurs postillons, conducteurs, porteurs et courriers, sauf leur recours ».

2° *Les capitaines de navire et les gens de l'équipage.*

L'arrêté du 19 germinal an X, relatif aux correspondances maritimes et coloniales, interdit aux capitaines de navire et aux gens de l'équipage de s'immiscer dans le transport des lettres et leur prescrit, à leur arrivée dans un des ports de la République, « de porter ou renvoyer sur le champ au bureau des postes du lieu toutes les lettres ou paquets qui leur auront été confiés autres que ceux de la cargaison des bâtiments » (art. 7).

Cette catégorie de contrevenants avait d'ailleurs été

déjà assimilée aux entrepreneurs de voitures par l'arrêté du 3 février 1728 portant les mêmes injonctions sous peine de 1500 livres d'amende.

3° *Les piétons ou commissionnaires.*

Ces personnes faisant profession d'aller d'un lieu à un autre pour le compte d'autrui ont, comme les voituriers, plus d'occasions et de facilités de transporter des lettres en fraude du privilège de la poste. Aussi contre eux, de même que contre les voituriers, les dispositions de la loi ont été plus particulièrement sévères.

Comme pour les voituriers les perquisitions sont autorisées à l'égard des piétons, messagers, commissionnaires (Cass. 2 avril 1840, 12 novembre 1842). Il suffira même que l'individu se charge quelquefois de commissions pour autrui pour qu'il soit rangé dans cette catégorie et soumis aux perquisitions (Cass. 23 décembre 1842).

4° *Les personnes faisant habituellement des transports pour leur propre compte.*

Ce sont les personnes qui, sans faire de transports pour le compte d'autrui, vont fréquemment d'un lieu à un autre pour l'exercice d'un commerce dont l'objet n'est pas le transport lui-même : par exemple les poulaillers, beurriers, coquetiers, etc. De bonne heure le législateur a défendu le privilège de la poste contre les atteintes possibles de ces commerçants : les arrêts des 18 juin et 29 novembre 1681 les comprennent dans l'énumération des personnes à qui il est spécialement fait « inhibitions « et défenses de se charger d'aucunes lettres ou pa- « quets de lettres ».

L'arrêté du 27 prairial an IX ne les mentionne pas spécialement mais les comprend dans une expression générale lorsque, par son article 3, il autorise les perquisitions sur les messagers, piétons chargés de porter les dépêches, voituriers de messageries et *autres de même espèce.* Ces termes comprennent de façon générale toutes personnes qui, à raison de leur commerce ou de leur profession, font habituellement des transports d'un lieu à un autre (Cass. 23 décembre 1842).

Sera par exemple assimilé aux poulaillers et beurriers, dont parlent les arrêts de 1681, le jardinier qui une fois par semaine se rend au marché voisin pour y vendre les produits de sa récolte (Cass. 6 mai 1843).

5° *Toutes autres personnes étrangères au service des Postes.*

Aux termes de l'arrêté du 27 prairial an IX, art. 1er « il est défendu à tous les entrepreneurs de voitures libres et *à toute autre personne étrangère au service des Postes* de s'immiscer dans le transport des lettres... etc ». Cet arrêté, destiné à ordonner l'application des lois des 26-

29 août 1790, 21 septembre 1792 et des arrêtés du 2 nivôse an VI, du 7 fructidor an VI, et du 26 ventôse an VII, maintient en même temps les dispositions des arrêts du Conseil du 18 juin et 29 novembre 1681 qui portent « très expresses inhibitions et défenses à tous messagers... et *à toutes autres personnes de quelque qualité et conditions qu'elles soient*, autres que ceux qui auront droit et pouvoir dudit Patin et de ses intéressés, de se charger ni de souffrir que leurs valets ou postillons et même les personnes qu'il conduiront par leurs voitures, se chargent d'aucunes lettres ni paquets de lettres... »

La défense paraît donc bien générale et absolue, et c'est bien en ce sens que s'est formée la jurisprudence. Elle estime que la défense à toute personne de s'immiscer dans le transport des lettres, loin d'exclure les faits de transport, même isolés, commis par de simples particuliers, les comprend par la généralité des expressions employées (Cass. 8 mai 1841, D. *Rép.*, *Postes*, n° 67 ; v. aussi Cass. 7 août 1818, 17 avril 1828, 1er octobre 1841).

Et cependant cette jurisprudence, conforme au texte littéral de la loi, est combattue par la doctrine qui la trouve trop sévère.

Sur quoi donc s'appuie la doctrine pour ne pas admettre la manière de voir de la Cour de cassation ? A première vue les textes formels des arrêts de 1681 et de l'arrêté du 27 prairial an IX ne semblent laisser place à aucun doute. Mais il y a une remarque importante à faire, si l'on compare les arrêts de 1681 et l'arrêté de l'an IX.

Les arrêts de 1681 autorisaient la perquisition sur les simples particuliers, comme sur les voituriers, messagers et autres personnes faisant leur profession habituelle de l'industrie des transports. Cette disposition fut supprimée dans le texte imprimé à la suite de l'arrêté du 26 ventôse an VII, et ne fut pas non plus reproduite par l'arrêté du 27 prairial an IX. La jurisprudence, du reste, s'en tient à ces dernières dispositions légales et n'admet pas les poursuites contre les particuliers à la suite de perquisitions spéciales ; elle n'admet l'infraction par eux que si la découverte en est due à des circonstances fortuites (v. ci-après *Perquisitions*). Il semble donc bien que la loi n'a pas voulu faire une contravention d'un acte qu'elle ne donne pas les moyens de découvrir ; et ne serait-il pas « peu conforme à la dignité d'un pouvoir public d'établir une distinction subtile entre des poursuites qui seraient dues au hasard, et des poursuites spéciales, en d'autres termes de reconnaître qu'un délit a pu être valablement constaté par voie indirecte, tandis qu'il eut été illégalement procédé s'il avait été recherché d'une façon directe » (1).

Remarquons en outre que le législateur n'a pas prévu au profit des personnes étrangères au service des postes, l'exception établie au profit seulement des entrepreneurs de voitures relativement aux lettres et papiers concernant leurs affaires personnelles et particulières. Il est bien évi-

1. DALLOZ, v° *Postes*.

dent qu'une exception analogue aurait été prévue en faveur des particuliers si la prohibition de l'art. 1er des arrêtés des 7 fructidor an VI et 27 prairial an IX leur était applicable.

A ce système on oppose les termes qui semblent formels de l'arrêté du 27 prairial : « toute autre personne étrangère au service des postes. » Cependant on peut admettre que l'article 1er de cet arrêté a entendu parler de toute personne qui, n'étant pas entrepreneur de voitures, aurait cependant, par état, entreprise ou charge d'un transport public, comme les piétons et les ordonnances, sorte de gens auxquels la défense faite de s'immiscer dans le transport des lettres trouvait, comme celle faite aux voituriers, sa base dans la loi de 1790, puisque cette loi prohibe le port des lettres et papiers par les entrepreneurs de voitures de transport. (Arrêt de la Cour de Bourges du 15 juin 1840, D. *Rép.*, v° *Postes*, n° 67, n. 3).

Le même arrêt tire encore argument de ce que les articles 6 et 9 de l'arrêté du 27 prairial ne prévoient la poursuite des amendes que contre les entrepreneurs de voitures, et ne parlent que de la responsabilité des maîtres de poste et des entrepreneurs de voitures libres. Si l'arrêté avait eu en vue les particuliers, il n'eût pas manqué, conformément à ce qui a toujours lieu en matière fiscale, de proclamer la responsabilité des pères et des maris pour les contraventions de leurs enfants et de leurs femmes, et des maîtres pour celles de leurs domestiques.

Cette opinion adoptée par plusieurs cours royales (Douai, 20 février 1836, Bourges, 5 février 1840 et 15 juin 1840) et qui a pour elle l'autorité de Dalloz et de Foucart nous paraît plus conforme à l'intention du législateur que le système trop sévère de la Cour de Cour de Cassation qui s'en tient à la lettre même de l'arrêté du 27 prairial an IX.

Dans l'intérêt public le monopole doit être conservé sans doute, mais dans des limites justes et raisonnables, de façon à porter atteinte le moins possible à la liberté de chacun, et il nous paraît équitable et conforme à la loi de restreindre la prohibition de transporter des lettres « aux seuls individus qui pourraient établir un service vraiment préjudiciable à l'administration et non pas aux simples voyageurs. »

II. — Actes qui constituent la contravention.

Aux termes de l'article 1er de l'arrêté du 27 prairial an IX, la contravention consiste dans le fait « de *s'immiscer* dans le transport des lettres, paquets et papiers dont le port est exclusivement confié à l'administration des postes aux lettres ».

Faut-il conclure de cette expression *s'immiscer* employée par le législateur que la contravention n'existera que si le transport est habituel et constitue une concurrence à l'encontre du service des postes?

On invoque en faveur de cette thèse les termes mêmes de l'arrêté du 27 prairial.

Le législateur semble bien n'avoir pas eu l'intention d'ériger en contravention punissable d'une forte amende ce qui n'est qu'un acte d'obligeance.

Il interdit à toute personne de *s'immiscer* dans le transport des lettres. Or, qu'est-ce que s'immiscer dans le transport des lettres? « C'est faire dans un but de spéculation ce que fait l'administration des postes, c'est substituer un service *clandestin* à un service *public*, et causer ainsi un préjudice réel au Trésor. Mais se charger d'une lettre qui le plus ordinairement n'aurait pas été écrite sans l'occasion qui se présentait, ce n'est pas *s'immiscer* dans le transport des lettres selon la véritable acception du mot » (1).

Certains tribunaux ont jugé en ce sens : « Les termes *s'immiscer dans le transport des lettres* sont exclusifs de l'idée qu'on les puisse appliquer au fait, par un voyageur, de s'être accidentellement, par obligeance ou autrement, chargé de quelques lettres auxquelles son départ aura peut-être seul donné lieu ; que ce mot *s'immiscer* emporte l'idée d'un transport fait de la manière dont l'administration des Postes opère le sien, ou à peu près, ou dont les actes aient été assez fréquemment réitérés pour qu'on puisse y voir une espèce de service rival de la poste ».

1. FOUCART, *Éléments de droit public et administratif*, t. II, n° 961.

(Arrêt de la Cour de Bourges du 15 juin 1840, affaire Durepaire).

Ce même arrêt ajoute que le système contraire interdirait à un voyageur d'emporter avec lui des lettres de crédit ou de recommandation et que, même en cas de nécessité, on ne pourrait faire porter une lettre par un domestique ou un exprès.

La Cour de Cassation s'est refusée à admettre cette manière de voir. Elle estime que « la défense à toute personne de s'immiscer dans le transport des lettres, loin d'exclure les faits isolés de transport commis par de simples particuliers, les comprend par la généralité des expressions employées ; qu'on ne saurait d'ailleurs assigner une limite légale à ces distinctions qui auraient pour objet de rechercher si certains faits, par leur importance, constituent ou ne constituent pas une concurrence à l'administration des Postes ». (Arrêt de la Cour de Cassation du 8 mai 1841, cessant l'arrêt précité de la Cour de Bourges).

Les faits accidentels de transport de lettres, et non pas seulement le transport habituel, constituent donc contraventions au monopole de la poste, aussi bien de la part des particuliers que de la part des voituriers. La Cour de Cassation a cassé, comme violant la loi, un arrêt de la Cour d'Aix qui avait jugé qu'une seule contravention à la défense faite aux particuliers de porter des lettres ne constitue pas le délit prévu par l'arrêté du gouvernement du 16 juin 1801. (Arrêt de la Cour d'Aix du 7 mars 1827. Cass. 17 avril 1823. *D. Rép., Postes*, n° 69, n° 2).

La jurisprudence de la Cour suprême est constante en ce sens (Arrêts des 7 août 1818, 17 avril 1823, 25 juillet 1840, 1er octobre 1841, 11 novembre 1842, 29 juin 1843).

D'après la même jurisprudence la contravention existe alors même que le prévenu aurait transporté les lettres sans aucune rétribution et par pure obligeance.

L'arrêt cité plus haut de la Cour d'Aix avait jugé qu'il faut, pour qu'il y ait contravention, que le transport soit rétribué. La Cour de cassation n'accepta pas cette manière de voir, parce que, dit-elle, « aucune disposition du même arrêté (arrêté du 27 prairial an IX), ni des autres règlements de la matière ne fait dépendre le délit de cette condition » (Cass. 17 avril 1828).

Dans un autre arrêt, la Cour suprême a jugé pareillement « que ces mêmes règlements ne subordonnent nullement l'exécution des prohibitions qu'ils renferment à la circonstance que le port des lettres aurait été salarié ». (Cass. 1er octobre 1841) (v. aussi arrêts des 23 novembre 1837, 29 juin 1843).

Ces décisions nous paraissent bien sévères, au moins à l'égard des simples particuliers. Les voituriers et autres entrepreneurs de transports réguliers, pouvant seuls faire une réelle concurrence à l'administration des postes, c'est à eux seuls que, même en l'absence de preuves de la rétribution reçue, devraient s'appliquer les prohibitions. Les particuliers, au contraire, devraient être présumés transporter les lettres par pure obligeance et n'être déclarés en contravention que sur la preuve d'une rétribution reçue ; et encore faudrait-il que le fait du transport ne fut pas un fait isolé ou accidentel.

La sévérité de la jurisprudence ne va pourtant pas jusqu'à décider que la contravention existera par cela seul qu'on est rencontré porteur d'une lettre missive. L'expéditeur d'une lettre, en effet, est bien obligé de transporter cette lettre de son domicile au bureau de poste ou à la boîte aux lettres ou de l'y faire transporter. Ce principe est d'ailleurs formellement admis par l'article 3 de la loi du 3 juin 1829 ainsi conçu :

« Les dispositions pénales relatives au transport des lettres en contravention ne seront pas applicables à ceux qui feront prendre et porter leurs lettres dans les bureaux de poste circonvoisins de leur résidence ».

Antérieurement à la loi du 3 juin 1829, la jurisprudence, d'accord avec le bon sens et l'esprit de la législation, décidait qu'il n'y a pas contravention de la part d'un messager trouvé porteur de lettres, si, au moment de la saisie de ces lettres, ledit messager n'a pas dépassé le premier bureau de poste se trouvant sur sa route entre le lieu d'origine et le lieu de destination (Cass. 16 février 1827, affaire Barbe Lambotin, D. *Rép.* v° *Postes*).

Par arrêts postérieurs à la loi de 1829 la jurisprudence

a jugé aussi qu'il n'y a pas contravention dans le cas d'un voiturier porteur de lettres destinées à être affranchies, s'il n'existe de bureau recevant les lettres à affranchir, ni au lieu d'où la lettre est partie, ni au lieu où elle a été remise au voiturier, ni entre ces localités et le bureau vers lequel se dirige le voiturier (Douai 29 mai 1835. Cass. 1er juillet 1836).

Il n'y a fraude présumée que s'il existe un bureau de poste entre le lieu d'où le porteur est parti et celui où les lettres sont saisies.

Lettres venant de l'étranger. — La prohibition s'applique-t-elle aux lettres venant de l'étranger ? Ces sortes de lettres peuvent-elles profiter de l'exception établie par la loi du 20 juin 1829 ?

Sur le premier point, la jurisprudence décide que la prohibition s'applique aux lettres originaires de l'étranger, comme à celles qui sont originaires de France. Le voiturier qui transporte des lettres de l'étranger en France est coupable d'immixtion dans le service des postes (Douai 6 septembre 1830).

L'étranger conduisant une diligence étrangère, saisi sur le territoire français porteur de lettres, est passible des peines prévues par la loi française, quoi qu'il ait été saisi avant son arrivée au premier bureau de poste français, l'administration française ne devant pas être privée du prix du transport des lettres à partir de l'extrême frontière de France jusqu'à ce premier bureau

(Cass. 26 mars 1824 ; Cass. 6 décembre 1828 ; Cass. 8 avril 1830. D. *Rép.*, *Postes*, n° 64).

Sur le second point, il a été jugé que l'exception établie par la loi du 3 juin 1829 en faveur de ceux qui portent des lettres d'un village ou d'une campagne au bureau de poste le plus voisin ne peut s'appliquer au cas où des lettres viennent d'une ville étrangère depuis laquelle il s'est trouvé sur la route parcourue en pays étranger des bureaux de poste (Cass. 8 avril 1830).

La sévérité des tribunaux est allée jusqu'à décider qu'il suffisait pour que la contravention existe qu'il y ait transport illicite sur un des points quelconques du territoire français (Cass. 13 août 1835). Mais cette jurisprudence n'a pas prévalu (v. Cass. 1er juillet 1836 : arrêt rendu toutes chambres réunis cassant le précédent, et renvoyant des fins de la poursuite un voiturier porteur d'une lettre qu'il est chargé d'affranchir au premier bureau qu'il trouvera sur sa route).

Il y a quelques années la question s'est posée de savoir s'il y avait, ou non, atteinte au privilège de l'administration des Postes dans le fait par un particulier de recueillir des lettres en dernière limite d'heure pour les transporter aux gares d'expédition.

Le Conseil d'État consulté a rendu, la décision suivante :

« Les sections réunies. . . . .

Vu la déclaration du 8 juillet 1759, en particulier l'article 7 relatif à la petite poste aux lettres dans l'intérieur de Paris ;

Vu l'arrêté du 27 prairial an IX qui renouvelle les défenses de s'immiscer dans le service des postes à toute personne étrangère à ce service ;

Considérant que les faits signalés dans la dépêche ministérielle du 3 mai 1890 ne constituent pas des remises de lettres à des destinataires et se bornent à des transports, dans l'intérieur de Paris, de lettres destinées à être remises dans les boîtes que l'Administration des Postes tient à la disposition du public dans les gares de chemins de fer, que, dans ces circonstances, la répression de ces faits à titre de contravention aux lois qui assurent et régissent le monopole des postes ne paraît pas justifiée ;

Sont d'avis :

Qu'il y a lieu de répondre dans le sens des observations qui précèdent à la question posée par le Ministre du Commerce, de l'Industrie et des Colonies. » (avis du Conseil d'Etat du 5 août 1890) (1).

Les particuliers peuvent donc transporter aux gares de chemin de fer, soit à titre gratuit, soit à titre onéreux, des lettres recueillies en dernière heure sans tomber sous le coup de l'arrêté du 27 prairial an IX interdisant de s'immiscer dans le service des postes.

1. *Bull. mens.*, août 1890, p. 819.

Il n'y a d'ailleurs pas lieu de distinguer entre les lettres recueillies avant et celles recueillies après l'expiration du délai fixé par la loi du 16 mars 1887.

Le transport des lettres ayant déjà acquitté les droits de poste constitue-t-il une atteinte au privilège de l'administration des Postes?

Le cas est pour ainsi dire l'inverse du précédent. Il s'agit de lettres parvenues par poste à une première destination et transportées ensuite par des particuliers à une autre destination.

La jurisprudence voit dans ce nouveau transport une contravention au monopole.

La Cour de Lyon avait à juger le cas d'un nommé Pitrat qui se faisait adresser ses lettres et journaux à l'Arbresle, poste restante, d'où ces objets étaient transportés à Lyon par un service habituel d'agents ou messagers salariés par lui. Après avoir posé les principes relatifs à la raison d'être du monopole, après avoir dit que « les termes des diverses dispositions législatives qui interdisent le transport des lettres entre des lieux où existent des bureaux de poste à toute personne étrangère à leur service, sont formels et n'admettent point cette distinction entre les faits qui causent ou ceux qui ne causent pas un tort financier à l'administration des Postes », la Cour jugea, qu'il y avait dans le fait reproché à Pitrat les éléments de la contravention prévue par l'arrêté des consuls du 27 prairial an IX : « Attendu, dit l'arrêt, qu'une lettre adressée dans un lieu avec indication de bureau restant est arrivée à sa destination quand elle est parvenue à ce bureau ; que si on lui fait parcourir un nouveau trajet de ce bureau à un lieu où existe un autre bureau de poste, ce transport, s'il n'est pas fait par la personne même à qui la lettre est adressée, ne peut être légalement effectué que par le service établi entre ces deux localités ; que, s'il en était autrement, il y aurait préjudice causé à l'administration, puisqu'elle serait privée du droit à percevoir pour ce dernier transport. »

Il n'y a pas à distinguer si les lettres ainsi transportées sont cachetées ou non (Arrêt de la Cour de Lyon du 22 décembre 1833. *D. Rép.*, v° *Postes*, n° 57, n. 2).

On ne peut souscrire sans réserves à cette solution. L'Administration ayant perçu la taxe de la lettre paraît bien exagérer ses prétentions en exigeant que le destinataire retire lui-même ses lettres et en lui interdisant de les faire prendre au bureau où elles sont adressées.

Nous verrons ci-après que certains pays étrangers sont bien plus respectueux de la liberté des citoyens et savent sauvegarder celle-ci tout en n'abandonnant rien du monopole de la poste. Pour cela ils autorisent le transport par toutes autres voies que la poste pour les correspondances qui ont préalablement payé la taxe postale.

Correspondances maritimes et coloniales.

Le monopole de la poste s'applique aussi aux correspondances maritimes et coloniales. L'arrêté du 10 germinal an X, par son article 1er fait expresse défense à toutes personnes de tenir, même dans les villes et endroits maritimes, soit bureau, soit entrepôt pour l'envoi, réception et distribution des lettres et paquets de et pour les colonies, soit françaises, soit étrangères, du poids de 1 kilog. et au-dessous, à peine de l'amende prononcée par l'article 5 de l'arrêté du 27 prairial an IX.

Sous les mêmes peines il est prescrit aux capitaines de navire arrivant dans un port de remettre sans retard au bureau de poste les lettres qu'on leur aurait confiées (même arrêté, art. 7).

III. — La petite poste.

Les règles que nous venons d'exposer sont relatives à la *grande poste*, c'est-à-dire aux correspondances échangées entre une ville et une autre. Il nous reste à étudier la question de monopole au point de vue de la *petite poste*, c'est-à-dire de la correspondance échangée dans l'intérieur d'une même ville.

Origines de la petite poste. — Le premier essai d'établissement de la petite poste remonte à l'année 1653. Jusque-là Paris était en communication avec les autres villes du royaume ; mais il n'existait aucune organisation pour le transport et la distribution des lettres que les habitants de la ville avaient à s'écrire. Un maître des requêtes, M. de Vélayer, obtint un privilège du Roi pour l'établissement de boîtes destinées à recueillir les lettres que les particuliers avaient à envoyer à des personnes de la ville.

« M. de Vélayer, maistre des requestes, raconte Pélisson, avait imaginé un moyen pour faire porter des billets d'un quartier de Paris à l'autre en mettant des boestes aux coins des principales rues. Il avait obtenu un privilège ou don du Roi pour pouvoir seul establir ces boestes, et avait ensuite establi un bureau au Palais où on vendait pour un sou pièce certains billets imprimés et marqués d'une marque qui lui était particulière ». Ces billets, dont parle le chroniqueur, étaient des billets de port payé destinés à payer d'avance le port des lettres ; ils remplissaient la même fonction que remplit aujourd'hui le timbre-poste.

De tout temps les innovations ont excité la verve des chroniqueurs. Ceux du XVIIe Siècle ne manquèrent pas de chansonner les boestes de M. de Vélayer :

> « Ces boestes nombreuses et drues
> Aux petites et grandes rues
> Où par soi-même ou son laquais
> On pourra porter des paquets,
> En dedans, à toute heure, mettre
> Avis, billet, missive ou lettre,
> Que des gens commis pour cela
> Feront chercher et prendre là
> Pour, d'une diligence habile,
> Les porter par toute la ville
> . . . . » (1).

1. Jean Loret (mort en 1665) : *La Muse historique*.

Malgré ses avantages, l'invention de M. de Vélayer ne fonctionna pas longtemps. Un beau jour à l'ouverture de ces boestes, « on trouva pour toutes choses des souris que des malicieux y avaient mis » (FURETIÈRE).

Un siècle plus tard l'essai fut repris par un riche philanthrope, Piarron de Chamousset, conseiller maître à la Chambre des Comptes. Des lettres patentes du 5 mars 1758 l'autorisèrent à établir à ses frais une petite poste à Paris avec jouissance des revenus pendant trente ans.

La même autorisation fut renouvelée par l'art. 7 de la déclaration royale du 8 juillet 1759 dont l'objet principal était l'augmentation du tarif des ports des lettres. Cet article 7, dont l'importance est considérable pour notre sujet, était ainsi conçu :

« Il sera établi dans notre ville de Paris différens bureaux pour porter d'un quartier dans un autre, dans l'enceinte des barrières, des lettres et paquets, sur le pied de deux sols pour une lettre simple, billet ou carte d'une once, soit qu'il y ait enveloppe ou qu'il n'y en ait pas, et de trois sols l'once pour les paquets, et, à l'effet de prévenir les abus, le port sera payé d'avance. Les lettres et paquets seront timbrés du timbre particulier à chaque bureau dont ils seront partis ; toutes les lettres et paquets seront apportés à un bureau général, pour être de là distribués dans la ville, et ne pourra aucun distributeur se charger en chemin d'aucune lettre ou paquet, ni rendre aucune lettre non timbrée, sous peine de punition corporelle : n'entendons néanmoins, en aucun cas, empêcher les particuliers de faire porter leurs lettres ou paquets dans la ville et les faubourgs de Paris par telles personnes qu'ils jugeront à propos ».

Le service commença à fonctionner le 9 juin 1760. Neuf bureaux, dont un bureau central, le bureau du Pont-Neuf (place de l'Ecole), furent chargés de recueillir les lettres mises dans des boîtes placées dans la plupart des rues et d'en assurer la distribution. A chaque bureau étaient attachés un certain nombre de facteurs chargés des levées et des distributions ; ils furent 117 à l'origine et plus tard 200. Il y eut d'abord trois distributions par jour. Une heure après chacune de ces distributions les facteurs repassaient dans les maisons pour prendre les réponses. Pour avertir de leur passage, il étaient munis d'une crécelle « sorte de manche mobile en fer, adapté à une planchette et qui, m'a-t-on dit, porte le nom de *ténèbre* ». (GRIMM, *Observations d'un voyageur*) (1).

Chaque bureau assure la distribution dans son périmètre et transmet au bureau central, pour être dirigées sur le bureau distributeur les lettres destinées à d'autres quartiers.

Moyennant un tarif spécial la petite poste se chargeait aussi de porter les lettres destinées à la grande poste.

Une petite poste, analogue à celle de Paris, fut établie aussi dans plusieurs localités de la banlieue où la grande poste n'avait pas de bureau.

1. BELLOC, *op. cit.*, p. 200.

Un certain nombre de villes de la province imitèrent l'exemple de Paris et créèrent à leur tour des établissements de petite poste.

Le succès de l'institution engagea la royauté à s'en emparer. L'arrêt du Conseil du 28 juin 1780 réunit à l'administration générale des Postes la régie des *petites postes* :

« Sa Majesté s'étant fait rendre compte du produit et de l'administration des petites postes établies dans le royaume, ainsi que des améliorations et des économies qui pourraient résulter de la réunion de ce service à la grande poste :

Ouï le rapport du sieur Moreau de Beaumont, conseiller d'Etat ordinaire et au Conseil royal des finances ;

Le Roi, étant en son Conseil, a ordonné et ordonne qu'à compter du 1er juillet prochain, et jusqu'au dernier décembre 1783, époque de la cessation de la régie actuelle des Postes, les administrateurs généraux des Postes, feront, aux conditions qui seront fixées par Sa Majesté, la régie de la petite poste établie à Paris, ainsi que de celles établies en province qu'il aura été jugé utile de conserver ; à l'effet de quoi Sa Majesté a révoqué et révoque, à compter dudit jour, 1er juillet prochain, les permissions par elle accordées à différens particuliers pour faire lesdits établissemens » (1).

A la veille de la Révolution, la grande et la petite poste

1. Belloc, *op. cit.*, p. 240.

sont déjà réunies sous une même administration. Les lois de la période révolutionnaire s'attachèrent à maintenir l'organisation et les règles postales créées par la royauté. En ce qui concerne la petite poste, l'article 33 du décret des 22-26 août 1790, approuvé par la loi du 22 août 1791, autorisait l'administration des Postes à créer partout où elle jugerait utile des établissements de petite poste. Les actes législatifs postérieurs ne se sont pas occupés spécialement de la poste locale ; elle a toujours été considérée comme partie intégrante de l'administration des Postes.

Il a cependant été soulevé des difficultés en ce qui concerne le monopole de l'Administration quant à cette partie de ses attributions.

A plusieurs reprises des agences postales particulières ont essayé de fonctionner. Mais l'administration des Postes a toujours revendiqué le monopole et poursuivi ces sortes d'entreprises, contre lesquelles elle a obtenu des condamnations.

La jurisprudence cependant n'avait reconnu le monopole de l'administration que pour le transport des lettres, le transport des journaux et imprimés restant libre (Cass. 15 janvier 1836 ; Bordeaux 24 novembre 1847 ; Cass. 3 juin 1848), à condition d'être placés sous bande ou sous enveloppe ouverte (Cour de Paris 29 janvier 1836, 10 avril 1844).

L'Administration a en particulier poursuivi deux sortes d'établissements qu'elle a considérés comme portant directement ou indirectement atteinte à son monopole : les agences de poste restante privée, et les boîtes de commandes.

Poste restante privée. — Par jugement du 13 avril 1893 le tribunal correctionnel de la Seine avait condamné par défaut le fondateur d'une agence de poste restante privée ayant pour objet « de recevoir, délivrer à ses guichets ou réexpédier toutes lettres, cartes postales et dépêches qui lui sont adressées, soit à son nom, soit à un ou plusieurs pseudonymes, soit à un numéro suivi d'initiales, soit à des initiales suivies de numéro ». Cette agence faisait porter par des facteurs à elle les lettres qui lui étaient confiées.

Sur opposition, l'agence prétendit pour sa défense que le fait ne constituait pas une contravention ; que les lois et arrêtés visés dans la citation ne sont pas applicables au transport des lettres et paquets dans l'intérieur des villes ; qu'au surplus les abonnés ont pour domicile le bureau de l'agence et pour employés les facteurs de celle-ci et que la déclaration de 1759 les autorise à faire porter leurs lettres dans l'intérieur de Paris par telles personnes qu'ils jugeront à propos.

Ces moyens de défense ne furent pas admis par le tribunal qui estima que la déclaration de 1759 est toujours en vigueur et « que le décret du 27 prairial an IX a maintenu par son article premier les droits établis par la législation précédente en ce qui concerne les grandes et petites postes, en ordonnant l'exécution des lois des 26 août 1790, 21 septembre 1792 et de l'arrêté du 29 ventôse au VII qui se référaient à l'un comme à l'autre de ces établissements.

Quant au moyen tiré de l'exception au privilège de l'Administration au profit des particuliers qui portent eux-mêmes leurs lettres ou les font porter par un domestique ou un préposé, le tribunal le rejeta aussi : « Attendu qu'en effet X... est un entrepreneur ordinaire dont l'industrie consiste à faire transporter, moyennant salaire, les lettres qui lui sont confiées ; que son but est donc bien de faire concurrence à l'Administration des Postes et que la correspondance qui circule ainsi n'est pas la sienne, mais est celle de ses clients ; qu'il ne peut soutenir sérieusement que le domicile où il a installé son agence est en même temps un domicile commun à tous ses abonnés et que les agents, qu'il paie, choisit et révoque à son gré, sont les préposés de ces mêmes abonnés. »

Le tribunal confirma donc la sentence des premiers juges estimant que le fonctionnement de l'agence constituait une immixtion illicite des mieux caractérisées dans le transport des lettres (Trib. corr. de la Seine, 13 avril 1893; *Bull. mens.* 93, p. 220-221).

Boîtes de commandes. — L'administration des Postes a provoqué la condamnation pour infraction à son monopole de commerçants qui installent en dehors de leur domicile des boîtes destinées à recevoir les commandes ou autres correspondances qui leur seraient adressées autrement que par poste. Il a été jugé par la Cour de Cassation que le fait de lever ces boîtes et de transporter au siège de l'agence, de la société ou de la compagnie, du négociant ou du particulier les lettres jetées dans les dites boîtes et qui n'ont pas transité par la poste, constitue une infraction au monopole de la poste. (Cass. 11 juin 1869, D. 1869.1.487).

Il a même été jugé que le fait par l'employé levant des boîtes établies par un commerçant dans différents quartiers d'une ville de copier les commandes déposées dans ces boîtes ne fait pas disparaître la contravention, bien que les lettres de commandes elles-mêmes ne soient pas transportées, attendu que le fait de prendre note des commandes ainsi transmises équivaut comme résultat au transport des écrits contenant les commandes (Trib. corr. de Cusset, 12 déc. 1890; *Bull. mens.*, janvier 1891).

Il est permis d'envoyer ses lettres par un préposé qui peut rapporter les réponses à ces lettres ; mais on ne peut étendre cette faculté aux lettres, telles les commandes, qui n'auraient pas le caractère de réponses (arrêt précité du 11 juin 1869).

Si les boîtes de l'espèce au lieu d'être établies sur la voie publique, étaient placées dans l'intérieur de maisons, dans des corridors, y aurait-il contravention ? M. Frault (1) pense que la contravention n'existe pas légalement et il paraît baser son opinion sur la quasi-impossibilité de constater le transport illicite de correspondances. La difficulté plus ou moins grande de saisir la contravention

1. Frault. *Manuel postal.*

ne nous semble pas de nature à faire disparaître la contravention : autrement il faudrait dire qu'il n'y a pas contravention dans le fait du particulier qui transporte des lettres, fait qui est considéré comme une infraction au monopole, quoique la découverte en soit difficile et ne puisse, les perquisitions étant interdites sur les particuliers, légalement être dûe qu'au hasard.

La jurisprudence, se basant principalement sur la déclaration de 1759, admet donc et de façon très stricte le monopole de l'Administration en matière de petite poste :

« Considérant qu'il résulte de l'art. 7 de la déclaration du 8 juillet 1759, et des dispositions législatives postérieures qui l'ont maintenue, que la petite poste a le droit exclusif de faire transporter et distribuer les lettres et paquets de lettres dans l'intérieur de Paris », (C. de Paris 29 janvier 1836, *D. Rép., Postes,* 111) ; « Attendu que le décret du 27 prairial an IX a maintenu par son art. 1er les droits établis par la législation précédente en ce qui concerne les grande et petite postes, en ordonnant l'exécution des lois des 26 août 1790, 21 septembre 1792 et de l'arrêté du 29 ventôse an VII qui se reféraient à l'un comme à l'autre de ces établissements ». (Trib. corr. Seine, 13 avril 1893 ; *Bull. mens.* juillet 1893).

Il nous paraît difficile d'admettre les considérants de la jurisprudence. Les arrêts du Conseil des 18 juin et 29 novembre 1681 ne s'appliquent pas à la petite poste qui ne fut créée que beaucoup plus tard. D'un autre côté les arrêtés du 2 nivôse an VI, du 7 fructidor an VI, du 26 ventôse an VII, de même que l'arrêté du 27 prairial an IX rappelant les prohibitions des arrêts de 1681 ne paraissent pas se référer à la petite poste. C'est du reste ce qui est admis par deux arrêts de cassation du 15 janvier 1836 et du 3 juin 1848.

On a invoqué en faveur du monopole de la petite poste en particulier l'article 4 de la loi des 26-29 août 1790 « maintenant expressément les règlements antérieurs et notamment ceux édictés par la déclaration de 1759 ». (Frault).Or il est à remarquer que la déclaration de 1759 a pour objet principal un tarif des postes et que l'article 4 de la loi des 26-29 août 1790 se rapporte au dit tarif et non à la petite poste.

Au reste si l'on se reporte aux termes de l'article 7 de la déclaration du 8 juillet 1759 « on peut s'assurer que le dit privilège n'avait pas le caractère d'un monopole : il n'était qu'une permission accordée à M. de Chamousset, l'inventeur de la petite poste, de faire recueillir et distribuer dans Paris des lettres et des paquets de lettres et d'en percevoir la taxe à son profit » (1). Les termes des considérants de l'ordonnance royale ne laissent aucun doute à cet égard :

« Ayant reconnu qu'il serait utile... par l'établissement d'une porte intérieure *dont chacun serait libre d'user ou de ne pas user...* ». La même idée est reprise par l'art.

1. Jaccottey, *Traité de législation postale.*

7 que nous avons cité plus haut : « *N'entendons néanmoins en aucun cas empêcher les particuliers de faire porter leurs lettres ou paquets dans la ville ou dans les faubourgs de Paris par telles personnes qu'ils jugeront à propos* ».

Les textes de 1759 sont donc contraires au monopole. Mais on peut tirer argument en faveur du monopole de l'arrêt du conseil du 28 juin 1780 par lequel la petite poste de Paris et les petites postes,établies dans les villes de province furent réunies à l'administration générale des postes. D'après cet arrêt les permissions ci-devant accordées par le roi à des particuliers d'établir des petites postes sont retirées ; d'où on peut conclure que le roi se réserve le monopole de la petite comme celui de la grande poste. Les textes législatifs de la période révolutionnaire ont maintenu les règles postales de l'ancien régime et confirmé le monopole pour l'une et l'autre poste.

CHAPITRE III

Recherche, constatation et répression des contraventions.

Après avoir examiné dans les deux chapitres précédents quel est l'objet du monopole postal et de quelles façons il peut y être porté atteinte, il nous reste à voir les armes que la loi a mises aux mains de l'Administration pour la protection de son privilège.

La recherche et la constatation des contraventions se font par des perquisitions, des saisies et des procès-verbaux, opérations de nature plutôt administrative que judiciaire.

La répression consiste en pénalités édictées par la loi.

SECTION I. — *Recherche et constatation des contraventions.*

Nous étudierons sous les cinq paragraphes suivants les règles relatives à la découverte des contraventions au monopole de la poste :

§ I. — Personnes ayant qualité pour faire les perquisitions.

§ II. — Personnes soumises aux perquisitions.

§ III. — Personnes sur lesquelles les perquisitions sont défendues.

§ IV. — Conditions d'exercice du droit de perquisiton.

§ V. — Des procès-verbaux de perquisition.

§ I. — Personnes ayant qualité pour faire les perquisitions.

L'arrêté du 27 prairial an IX par son article 3 énumérait les agents ayant qualité pour faire les perquisitions destinées à rechercher les contraventions au monopole de la poste :

« Pour l'exécution du présent arrêté, les directeurs, contrôleurs et inspecteurs des postes, les employés des douanes aux frontières et la gendarmerie nationale sont autorisés à faire ou faire faire toutes perquisitions et saisies sur les messagers, piétons chargés de porter les dépêches, voitures de messagerie et autres de même espèce, afin de constater les contraventions ; à l'effet de quoi ils pourront, s'ils le jugent nécessaire, se faire assister de la force armée ».

D'après ce texte deux catégories de personnes ont le droit de faire ou faire faire des perquisitions : 1° certains fonctionnaires de l'administration des postes : directeurs, receveurs, contrôleurs et inspecteurs ; 2° deux sortes d'agents de la force publique étrangers à l'Administration : les employés des douanes et la gendarmerie.

En fait il arrivait fréquemment que les employés supérieurs des Postes déléguaient le soin de rechercher les contraventions à d'autres agents de l'autorité ayant qualité pour rédiger des procès-verbaux. Et la jurisprudence admettait cette délégation même faite à titre continu et permanent. Les termes de l'arrêté du 27 prairial « faire faire » autorisaient cette interprétation (Cass. Crim. 18 mars 1836, et, sur nouveau pourvoi, Cass. Ch. réunies 7 novembre 1836 ; Cass. Crim. 12 novembre 1841. D. *Rép.*, v° *Postes*, n° 123).

La loi du 22 juin 1854 est venue sanctionner la manière de voir de la Cour de Cassation et a en même temps augmenté le nombre des agents de l'administration des Postes autorisés à opérer les saisies et perquisitions :

« Les agents et sous-agents assermentés de tous grades, porteurs de leur commission, et tous les agents de l'autorité ayant qualité pour constater les contraventions peuvent, concurremment avec les employés des douanes aux frontières et la gendarmerie, opérer toutes perquisitions et saisies sur les messagers et entrepreneurs de transport quelconque par voie de terre, par eau, ou par voies ferrées et sur leur matériel, à l'effet de constater les contraventions prévues par l'article 3. » (Loi du 22 juin 1854, art. 20. — *Inst. gén.*, art. 926.)

Sont donc actuellement autorisés à faire ou faire faire des perquisitions et saisies :

1° Les *agents* et *sous-agents* de tous grades de l'Administration *assermentés* et munis de leur commission;

2° Les agents de l'autorité ayant qualité pour constater les délits et contraventions : gendarmes, commissaires de police, employés des douanes, des contributions indirectes, de l'octroi, etc.

En aucun cas les femmes ne peuvent procéder aux perquisitions (*Inst. gén.*, art. 928).

§ II. — **Personnes soumises aux perquisitions.**

Les perquisitions dans l'intérêt de l'Administration ne sont autorisées que sur les personnes qui, à raison de leur profession ou de leur commerce, font habituellement des transports d'un lieu à un autre et ont par là une facilité plus grande et des occasions plus nombreuses de commettre des fraudes au préjudice de l'administration postale. L'article 3 de l'arrêté du 27 prairial an IX emploie à cet égard une expression très générale : « messagers, piétons chargés de porter les dépêches, voitures de messageries *et autres de même espèce.* »

La jurisprudence interprète rigoureusement ces termes de l'arrêté de prairial (Crim. Cass. 2 avril 1840, 12 nov. 1842, *D. Rép.* v° *Postes*, n. 112).

Les voituriers, rouliers, bateliers sont par l'arrêt du 18 juin 1681 assimilés aux messagers et piétons et soumis comme eux aux perquisitions et saisies (Crim. Cass. 12 novembre 1842; —*Contrà*, Grenoble, Ch. corr., 29 juin 1836).

A l'égard des beurriers et poulaillers, d'après l'arrêt de 1681, maintenu en vigueur par les arrêtés de ventôse an VII et de prairial an IX, les perquisitions sont permises aussi (Crim. Cass. 15 octobre 1841, 23 avril 1842), de même qu'à l'égard des coquetiers (Crim. Cass. 2 avril 1840, 23 décembre 1842; — *Contrà*, Grenoble, Ch. corr. 2 janvier 1834),

La jurisprudence assimile à un messager et soumet aux perquisitions : le jardinier qui une fois par semaine va au marché vendre ses produits (Crim. Cass. 6 mai 1843), l'individu qui se charge parfois de commissions d'un lieu à un autre (Cass. Ch. réunies, 23 décembre 1842).

La femme d'un conducteur de voiture publique, voyageant dans la voiture de son mari, ne peut être assimilée à un voyageur ordinaire ; elle est considérée par la jurisprudence comme participant au service et à la conduite de la voiture. L'art. 3 de l'arrêté du 27 prairial lui est donc applicable et elle est soumise aux perquisitions (Crim. Cass. 23 septembre 1836. *D. Rép.*, v° *Postes*, n° 115).

Pour être soumis aux perquisitions il n'est pas nécessaire que le messager ou l'entrepreneur de voitures de messageries ait fait acte de sa profession. A partir du moment où il fait sa déclaration et où sa voiture est estampillée, il devient immédiatemeut soumis aux obligations qui en sont la conséquence légale. (Crim. Cass. 27 avril 1837, cassant un arrêt en sens contraire de la Cour de Toulouse, *D. Rép.* v° *Postes*, n° 116, note 4)

§ III. — Personnes sur lesquelles les perquisitions sont défendues.

Les arrêts de 1681 autorisaient les perquisitions destinées à rechercher les contraventions au monopole sur toutes personnes, simples particuliers aussi bien que messagers ou piétons ou entrepreneurs de voitures publiques. La loi des 26-29 août 1790 et l'arrêté du 27 prairial an IX n'autorisent pas les perquisitions sur les simples particuliers.

Toute autre en effet est la raison d'être du monopole actuel et du monopole d'autrefois.

« Promulgués à une époque et sous un régime politique où le pouvoir qui faisait la loi n'avait à suivre d'autres règles que celles de sa volonté, rédigés sur la demande d'un individu qui, fermier du monopole du transport des lettres, n'avait d'autre but que d'en tirer, dans son intérêt particulier et n'importe par quels moyens, le plus de lucre possible, les arrêts de 1681 avaient dû nécessairement s'empreindre de toute la rigueur que celui qui les obtenait était intéressé à faire donner à une arme qu'il destinait non pas seulement à maintenir dans une juste et raisonnable proportion, mais à étendre et à grossir outre mesure le monopole qu'il avait à bail ». La royauté de son côté, pour affermer plus cher le monopole, avait intérêt à édicter des règles plus sévères pour la protection de ce monopole.

La législation révolutionnaire ne pouvait adopter des

prohibitions aussi sévères. Elle maintint le monopole sans doute, mais dans des limites raisonnables et de façon à restreindre le moins possible la liberté des citoyens. Elle considéra qu'il fallait établir une différence « entre le transport, pour ainsi dire sans conséquence, que peut faire accidentellement un simple particulier de quelques lettres qui, la plupart du temps, ne devront d'avoir été écrites qu'à l'occasion même que son voyage aura offerte à leurs auteurs, et le transport bien autrement grave que pourraient faire les messagers et autres entrepreneurs de voitures et transports, lesquels, allant et revenant continuellement d'un point à un autre par l'effet d'un service régulièrement organisé, auraient toute facilité pour faire à l'administration des Postes une réelle et préjudiciable concurrence ».

Telles sont les raisons de l'interdiction des perquisitions sur les particuliers excellemment exposées par un arrêt de la Cour de Bourges du 15 juin 1840. (D. *Rép.* v° *Postes*, n° 67, 3°, n. 3).

La jurisprudence s'est toujours prononcée pour l'interdiction des perquisitions et saisies sur les particuliers : Cass. 24 avril 1828, 13 avril 1833, 2 avril 1840, 6 novembre 1845 ; Douai 20 février 1836, Bourges 18 juin 1840... Sera illégale la perquisition opérée sur le domestique d'un négociant chargé accidentellement et à des époques non périodiques du transport des marchandises appartenant à son maître. (Cass. 18 juin 1842, 15 octobre 1844).

Dans le cas où une saisie serait faite à la suite d'une

perquisition sur un simple voyageur opérée dans le seul intérêt de l'administration des Postes, cette saisie serait nulle (v. arrêts précédemment cités et Cass. 17 mai 1832, 13 novembre 1834, 2 avril 1840, 12 août 1841, 11 juin 1842, 13 décembre 1843 ; Grenoble 2 janvier 1834 ; Douai 20 février 1836, 21 mai 1836 ; Rouen 5 août 1841).

Pour qu'une saisie de lettres puisse être faite sur un simple voyageur il faut que la contravention se révèle fortuitement ou par suite d'un fait personnel au voyageur et non par une perquisition opérée dans ce but.

Ainsi, à l'occasion d'une perquisition ayant en vue la recherche d'objets de contrebande, les employés des douanes découvrent des lettres transportées en fraude des droits de l'administration des Postes ; la saisie de ces lettres et le procès-verbal relatif à leur découverte seront valables (Cass. 26 mai 1836).

Sera également passible de l'application de l'arrêté du 27 prairial an IX, bien qu'il ne soit pas assujetti aux perquisitions, le vigneron qui faisant aux gendarmes remise volontaire de son passe-debout y laisse jointes des lettres cachetées qu'il transporte (Cass. 7 juin 1844). Tel serait encore le cas du voyageur porteur de lettres cachetées découvertes fortuitement dans son portefeuille, au moment où il exhibe aux gendarmes son passeport (Cass. 30 mai 1844) ; du voyageur laissant tomber une correspondance de sa poche en présence d'un agent assermenté (Cass. 25 juillet 1840 et 8 mai 1841).

Il y aura constatation valable de contravention si une

perquisition faite sur un individu dans un but de police amène la découverte de lettres cachetées dont cet individu est porteur (Douai, 27 mai 1840).

Mais il en serait autrement s'il résultait du procès-verbal ou du jugement que la perquisition faite par les gendarmes avait eu lieu dans le but de découvrir les lettres dont le voyageur serait porteur et qu'elle était distincte de l'acte de leur ministère en vertu duquel ils réclamaient l'exhibition du passeport. Le procès-verbal ne peut servir de base à une poursuite pour contravention aux lois sur le transport des lettres (Cass. 21 mai 1836) ; « attendu, disait le jugement du tribunal d'Auxerre confirmé par la Cour de Cassation, que la contravention consistant en transport illégal de lettres n'a rien de blâmable dans l'ordre naturel et n'est punissable que dans l'ordre fiscal ; qu'un semblable fait ne peut donner lieu à une condamnation qu'autant qu'il a été constaté légalement » (D. *Rép.* v° *Postes,* n° 122, n. 2).

La jurisprudence prononce également la nullité des perquisitions faites sur les effets, malles, valises des voyageurs, lorsque ces perquisitions n'ont eu d'autre but que la recherche des lettres transportées en contravention au monopole de l'Administration (Cass. 13 novembre 1834 et 11 juin 1842).

§ IV. — Conditions d'exercice du droit de perquisition.

Les perquisitions ne sont faites par les agents de l'Administration que sur un ordre spécial du directeur du département ou de la ligne.

Les sous-agents, sauf les brigadiers-facteurs et les entreposeurs en gare, ne peuvent les effectuer seuls.

Les inspecteurs, sous-inspecteurs, receveurs et facteurs-receveurs se font assister d'un commis ou d'un sous-agent qui opère la perquisition sous leur direction (*Inst. gén.* art. 928 et *B. mens.*, mai 1875, p. 274).

Objets soumis aux perquisitions. — C'est d'abord le matériel appartenant à l'exploitation ; ce sont ensuite les portefeuilles, carnets et livrets de course des messagers courriers et chefs de train.

Le droit de visite, interdit sur les objets de messagerie accompagnés (v. § III ci-dessus) est autorisé sur ceux de ces objets non accompagnés. Si ce sont des objets que la loi excepte du monopole de la poste ils doivent être conditionnés de façon à pouvoir être facilement vérifiés. Le fait seul d'être cachetés constitue une contravention, exception faite pour les dossiers de procédure (v. ci-dessus chapitre I) (*Inst. gén.* art. 930).

Les colis, refermés après vérification, sont munis d'une étiquette spéciale frappée du timbre à date du bureau ou de la direction et mentionnant la loi en vertu de laquelle la perquisition a été effectuée.

Lieux de perquisition. — A moins d'un ordre spécial du directeur, les perquisitions à faire sur les voitures qui transportent des voyageurs par la voie de terre ne sont opérées qu'aux lieux de stationnement. Sur les chemins de fer les perquisitions sont faites aux stations (*Inst. gén.*, art. 929).

La règle est la même à l'égard des entreprises de transports par voie maritime ou fluviale : les perquisitions ne doivent avoir lieu qu'aux escales.

§. V. — Des procès-verbaux de perquisitions et saisies.

Soit que la perquisition reste infructueuse, soit qu'elle amène la découverte d'objets de correspondance transportés en fraude et la saisie des dits objets, il doit être dressé sur le champ un procès-verbal (arrêté du 27 prairial an IX, art. 5).

Ce procès-verbal contient l'énumération et reproduit la suscription des objets saisis et indique le poids de chaque objet séparément.

S'il s'agit de lettres, il fait connaître si elles sont cachetées ou non, si elles sont transportées à découvert ou incluses dans des colis de messageries.

Les nom, profession et demeure du contrevenant sont mentionnés, et, dans le cas où ce dernier refuserait de faire connaître ces renseignements, le fait est consigné dans le procès-verbal. S'il y a lieu, l'entrepreneur civilement responsable est désigné aussi.

Le procès-verbal ainsi dressé est signé contradictoirement par l'agent qui l'a établi et par la personne soumise à la perquisition ; cette personne a le droit de requérir une copie du procès-verbal.

Quel que soit le nombre des objets saisis en contravention sur le même entrepreneur, dans une même perquisition, il n'est dressé qu'un procès-verbal à la charge du contrevenant (*Inst. gén.*, art. 932).

Enregistrement des procès-verbaux. — Les receveurs sont chargés de faire enregistrer les procès-verbaux qu'ils ont rédigés ou qu'ils ont reçus d'autres agents appartenant ou non à l'administration des Postes.

Dans le cas ou des agents étrangers à l'administration ont fait enregistrer l'acte en avançant les frais, ces frais leur sont remboursés par le receveur auquel cet acte est remis (*Inst. gén.*, art 933).

Les procès-verbaux négatifs ne sont pas enregistrés (art. 933).

La formalité de l'enregistrement des procès-verbaux doit être remplie dans un délai de quatre jours à partir de la date de leur rédaction, sous peine d'une amende de 5 francs à la charge de l'agent dont la négligence a retardé l'accomplissement de la formalité. (Loi du 22 frimaire, an VII, art. 20 et 34, et loi des 16-17 juin 1834, art. 10 ; — *Inst. gén.*, art. 961).

Les receveurs sont tenus de faire l'avance des droits d'enregistrement et de timbre des procès-verbaux qu'ils ont dressés. Le montant de ces droits est : en France de 3 fr. 70, (timbre 1 fr. 20, enregistrement 2 fr. 50) ; en Algérie de 2 fr.30 (timbre 1 fr. 20, enregistrement 1 fr.10). Ces sommes sont passées en écritures par le receveur.

S'il n'y a pas de bureau d'enregistrement dans la localité, le receveur transmet le procès-verbal avec le montant des frais au receveur de la localité, siège du bureau de l'enregistrement, et ce receveur procède aux formalités nécessaires, (*Inst. gén.*, art. 962).

Une fois enregistrés, les procès-verbaux sont envoyés en double expédition au directeur du service. Les procès-verbaux négatifs sont envoyés en original seulement, (*Inst. gén.*, art 934).

Force probante des procès-verbaux. — Les procès-verbaux constatant les infractions à l'arrêté du 27 prairial an IX ne font foi que jusqu'à preuve contraire (Cass. 22 avril 1830 et 10 juin 1842). Les contrevenants peuvent donc prouver par tous les moyens, même par témoins, la fausseté des énonciations des dits procès-verbaux ; ils ne sont pas tenus de recourir à la procédure dangereuse de l'inscription en faux. (C. proc. civ., 214 et s.).

Section II. — *Répression des contraventions.*

§ I. — Droit de transaction accordé à l'administration.

L'ordonnance du 19 février 1843 autorise l'administration des Postes à transiger, soit avant soit après jugement, dans toutes les affaires contentieuses concernant son service. Il est de pratique à peu près constante que l'Administration propose d'elle-même la transaction aux contrevenants. Le receveur du bureau où réside le contrevenant reçoit du directeur les instructions nécessaires et une copie du procès-verbal.

Si dans les quatre jours la proposition de transaction n'a pas été acceptée elle est renouvelée et si dans un nouveau délai de quatre jours la proposition a été refusée ou est restée sans réponse, le receveur en donne avis au directeur en lui renvoyant les pièces (*Inst. gén.*, art. 965).

La transaction comporte, selon les cas, soit le simple remboursement, soit en outre une amende variable selon le degré de gravité de la contravention.

§ II. — Des poursuites judiciaires.

Si la proposition de transaction ne reçoit pas de réponse ou est refusée, ou encore si l'Administration ne juge pas à propos de transiger, la répression de la contravention a lieu par les voies judiciaires. Dans ce cas le directeur qui a dressé un procès-verbal ou entre les mains duquel il a été déposé l'envoie au procureur de la République qui est chargé des poursuites (arrêté du 27 prairial an IX, art. 5). Dans la poursuite des contraventions aux lois sur les Postes le ministère public peut procéder soit par citation directe, soit par information préalable (Cass. 24 avril 1828). Les poursuites sont portées devant le tribunal correctionnel (D. *Rép.* v° *Postes,* n° 124 ; art. 5 de l'arrêté du 27 prairial an IX).

§ III. — Pénalités.

A). — Nous rangeons parmi les pénalités la double

taxe que doit payer l'objet saisi lorsqu'il est réclamé soit par le destinataire soit par l'expéditeur.

L'art. 5 de l'arrêté du 27 prairial an IX ordonnait que les lettres et paquets saisis en fraude fussent remis : à Paris, à l'Administration des Postes, et dans les départements, au bureau du directeur des Postes le plus voisin de la saisie, pour les dites lettres et paquets être envoyés à leur destination *avec la taxe ordinaire.*

Le décret du 2 messidor an XII, art. 1er, a modifié cette disposition. Les objets saisis ne sont rendus que sur réclamation et contre payement d'une taxe double du tarif applicable à chacun d'eux selon sa nature. Ainsi une ettre pesant moins de 15 grammes, saisie sur un messager, paiera deux taxes d'une lettre non affranchie, deux fois 0,30 c., soit 0,60 c.

Cette perception est représentée par des chiffres-taxes qui sont apposés sur l'une des expéditions du procès-verbal et oblitérés (*Inst. gén.*, art. 935).

B). — *Pénalités proprement dites.* —La fraude en matière de transport de lettres était sévèrement punie par les arrêts des 18 juin et 29 novembre 1681. Ils édictaient « 300 livres d'amende pour chacune contravention, qui ne pourra être remise ni modérée pour quelque cause que ce soit ».

Un peu moins sévère, l'arrêté du 27 prairial an IX, article 5, prononce une amende de 150 francs au moins et 300 francs au plus contre ceux qui contreviendraient à ses prescriptions. La jurisprudence refusait d'admettre des modérations au taux de l'amende, estimant que dans l'application d'une loi particulière et exceptionnelle on ne peut admettre les circonstances atténuantes de l'art. 463 du Code Pénal, si cette loi particulière n'en contient pas l'autorisation expresse (Cour de Limoges, 14 janvier 1836 ; Cass. 12 Juillet 1854). L'art. 6 de l'arrêté de prairial paraît d'ailleurs absolu à cet égard.

Le décret du 24 août 1848 a corrigé ce qu'il y avait de trop rigoureux dans l'application des pénalités prévues par l'arrêté de l'an IX :

« Dans tous les cas de contravention prévus par le présent décret ou par les lois antérieures dont les dispositions restent en vigueur, les tribunaux pourront, suivant les circonstances, modérer la peine et réduire l'amende à 16 francs. » (art. 8)

Outre l'amende, le tribunal pourra ordonner l'affiche du jugement à un nombre d'exemplaires qui ne pourra excéder cinquante, le tout aux frais du contrevenant. (Loi du 22 juin 1854, art. 21).

Récidive. — Il y a récidive lorsque le contrevenant a subi, dans les trois années qui précèdent, une condamnation pour infraction aux lois concernant le transport des correspondances. En ce cas l'amende ne peut être moindre de 300 francs, ni excéder 3000 francs (Loi du 22 juin 1854, art. 22).

Payement de l'amende et répartition du produit. — Le payement des amendes, ainsi que des transactions et le remboursement des frais de justice, de timbre et d'enregistrement sont effectués : à Paris à la caisse générale de l'Administration des Postes ; dans les départements à la caisse du receveur des Postes de la résidence des contrevenants (arrêté du 27 prairial an IX, art. 7 ; *Inst gén.*, art. 966).

La poursuite du payement de l'amende a lieu à la requête du ministère public, et à la diligence des directeurs des Postes contre les contrevenants, par saisie et exécution de leurs établissements, voitures et meubles, à défaut de payement dans les dix jours du jugement (arrêté du 27 prairial an IX, art. 6).

L'art. 8 de ce même arrêté détermine le mode de répartition du produit de l'amende ainsi qu'il suit : un tiers à l'Administration, un tiers aux hospices des lieux et un tiers à celui ou ceux qui auront découvert et dénoncé la fraude et à ceux qui auront coopéré à la saisie.

§ IV. — Responsabilité. Bonne foi. Complicité. Prescription.

« Les maîtres de poste, les entrepreneurs de voitures libres et messageries sont personnellement responsables des contraventions de leurs postillons, conducteurs, porteurs et courriers, sauf leur recours ».

Telle est la *responsabilité* générale des maîtres de poste et entrepreneurs établie par l'article 9 de l'arrêté du 27 prairial. La jurisprudence fait de cette règle une application stricte.

Ainsi il a été jugé que les entrepreneurs de voitures sont responsables des contraventions résultant de ce que les paquets des voyageurs qu'ils se chargent de transporter contiendraient des lettres missives ; c'est affaire à eux de vérifier ces paquets avant de s'en charger. (Cass. 13 novembre 1823 ; 23 juillet 1836 ; 20 novembre 1851 ; C. Lyon, 3 décembre 1864).

Il est de règle qu'en matière de contravention l'excuse de la *bonne foi* n'est pas admise ; la contravention existe du fait seul de l'infraction.

Le transport frauduleux de lettres étant considéré, non comme délit, mais comme contravention, cette règle est appliquée par la jurisprudence (Cass. 23 novembre 1837. 20 novembre 1851 ; Bordeaux 15 juin 1849).

Pour le même motif ne sont pas applicables les dispositions du Code Pénal relatives à la *complicité* en matière de crimes et délits. Ainsi un conducteur de chemin de fer qui aurait eu connaissance d'un fait d'immixtion dans le service des postes commis par un voyageur qu'il accompagne ne peut être ni réputé complice, ni rendu personnellement responsable de la contravention (Cass. 11 septembre 1846 ; D. P. 46. 1. 361 ; et Douai 28 novembre 1854).

La *prescription* en matière de transport illicite de lettres est réglée, dans le silence de la loi spéciale, par les dispositions du Code d'Instruction criminelle (Liège, 19 juillet 1832. D. *Rép.*, v° *Postes*, n° 136).

Observation.

Les règles relatives au monopole que nous venons d'étudier ne sont pas applicables aux colonies. Leurs administrations postales, autonomes, ont des règles différentes de celles de la métropole.

En ce qui concerne le monopole, il a en général une étendue plus grande.

C'est ainsi qu'à la *Guyane* le monopole comprend :

1° Les lettres particulières cachetées ou non, et en général tout objet manuscrit ; exception faite pour les correspondances expédiées par exprès entre particuliers, pour les factures accompagnant les marchandises.

2° Les journaux et tout imprimé tenant lieu de correspondance actuelle et personnelle.

3° Les ouvrages périodiques politiques.

4° Les ouvrages périodiques non politiques ; à moins qu'ils ne forment un paquet pesant plus de 1 kilog, ou qu'ils ne fassent partie d'un paquet de librairie excédant ce poids et à condition expresse d'être adressés et destinés à une seule personne.

Au *Sénégal* la poste a le monopole du transport de tous les objets de correspondance : lettres, cartes-lettres, cartes-postales, journaux et publications périodiques, imprimés, papiers d'affaires, échantillons de marchandises.

TROISIÈME PARTIE

Le monopole postal dans les pays étrangers.

I

Le monopole postal de l'Etat existe dans presque tous les pays du monde. On ne cite que quelques petits pays où il ne soit pas établi ; tels sont : la Colombie, la République Dominicaine, le Paraguay, l'Uruguay, les colonies anglaises de Lagos et Sainte-Lucie.

Les causes de cette absence de monopole au profit de l'Etat sont, soit dans le faible développement économique du pays, soit dans les révolutions fréquentes et par conséquent la faiblesse du pouvoir politique.

A ces causes il faut peut-être attribuer l'organisation postale de la Serbie où le monopole général sur tous les objets de correspondance qui appartient à l'Etat, n'est pas exercé directement par lui, mais par l'intermédiaire d'entrepreneurs. Un contrat est passé par l'Etat avec chaque entrepreneur — il peut y en avoir plusieurs pour une seule ligne — qui dépose un fort cautionnement à titre de garantie et qui s'occupe des services postaux

aux conditions déterminées par le contrat. Le gouvernement se réserve le droit de résilier le contrat si l'entrepreneur ne remplit pas les engagements. Il peut, en cas d'irrégularité, infliger des amendes à l'entrepreneur sans que celui-ci puisse recourir aux tribunaux (1).

II

Le monopole général sur tous les objets de correspondance existe au profit de l'Etat dans un certain nombre de pays : la Turquie, la Roumanie, la Perse, républiques d'Haïti, de Costa-Rica, du Salvador, du Chili, la Nouvelle-Galles du Sud, Queensland, les Bermudes.

Dans la plupart de ces pays le monopole a un caractère fiscal et ne comprend tous les objets de correspondance que pour augmenter les ressources du trésor public.

TURQUIE

Le monopole du transport de tous les objets de correspondance en général appartient à l'Etat, sauf les exceptions et tempéraments ci-après. Ne sont pas compris dans le monopole les objets suivants : les firmans impériaux et les ordonnances officielles concernant les affaires publiques, les livres et imprimés non périodiques, les cartes géographiques et les dessins, les dossiers de pro-

1. Nous devons ces renseignements sur les postes Serbes à l'obligeance de M. Ilitch, attaché à la légation royale de Serbie à Vienne.

cédure, les titres de propriété, de rentes et de fonds publics, les lettres de recommandation, de délégation, les lettres de voiture, les notes relatives aux marchandises qu'elles accompagnent, les permis de douane etc.

En outre, *les particuliers peuvent faire transporter par qui bon leur semble les lettres régulièrement affranchies.* Cette règle est très utile dans un pays où l'organisation des communications postales laisse encore beaucoup à désirer aux points de vue du fonctionnement, de la sécurité et de la rapidité. Elle montre en même temps le caractère fiscal que revêt dans ce pays le monopole de l'Etat.

Contraventions. Pénalites. — Quiconque ne soumet pas au transport de la poste ou à l'affranchissement postal des objets sur lesquels porte le monopole devra payer, si l'infraction est découverte, une somme égale à deux fois le port normal. La moitié de cette somme est acquise à la Poste et l'autre moitié est donnée à celui qui a découvert la fraude.

Quiconque ferait métier de transporter illégalement des objets soumis au monopole serait punissable,. outre le double port, d'une amende qui peut varier entre 1 et 5 livres turques (1). En cas de récidive cette amende est portée au double.

Les capitaines de navire, soit turcs soit étrangers, qui recevraient à bord de leurs navires des lettres pour les

1. La livre turque vaut environ 23 fr.

transporter sans l'intermédiaire de la poste impériale, sont punis d'une amende de 5 livres turques. En cas de récidive l'amende est portée à 15 livres et peut aller jusqu'à 50 livres.

Roumanie.

Le monopole de l'administration comprend le transport des lettres, journaux, imprimés de toute nature, cartes postales, papiers d'affaires, échantillons de marchandises, argent, valeurs, objets de messagerie d'un poids inférieur à 5 kilogr.

A ce monopole général il y a peu d'exceptions. Les deux plus notables sont les suivantes :

1° Dans l'intérieur d'une ville il est permis de se servir d'exprès. Mais aucun service régulier de distribution ne peut être établi sans l'autorisation de l'Administration.

2° Entre localités reliées par un service de poste on peut aussi se servir d'exprès ; mais il est interdit de transporter moyennant rémunération des objets provenant de plusieurs personnes.

III

Dans la presque totalité des pays existe un monopole plus ou moins étendu.

L'un des premiers objets du service de la poste fut le transport des lettres. Ce fut longtemps, avec le transport des voyageurs, son seul objet ; ce n'est qu'à une époque assez récente que se sont développées les autres attributions de la poste : le transport des échantillons, des imprimés, des journaux etc., avec le développement des voies de communication, l'extension des relations commerciales et la naissance à la vie intellectuelle et à la vie politique des classes populaires ; les services accessoires tels que Caisse d'Epargne, services de banque, de placement etc., qui ont trouvé dans la diffusion des services de la Poste un excellent moyen d'être mis à la portée de tous.

On comprend que le monopole de la Poste ne porte pas sur ces derniers services ; car cette administration n'est pas destinée à remplacer complètement des institutions dont elle n'est qu'un auxiliaire.

Quant aux imprimés, journaux, échantillons il est des pays où la poste a le monopole pour tous ou quelques-uns de ces objets.

Dans un assez grand nombre d'Etats les lettres seules font l'objet du monopole de l'Administration des postes. Et la tendance est de renoncer au monopole des autres objets : c'est ainsi que l'Italie a renoncé au monopole des journaux (loi du 23 juin 1873), de même la France en 1878, et qu'en Allemagne le monopole n'a pour objet, en dehors des lettres, que les journaux politiques lorsqu'ils dépassent un rayon de deux milles au delà du lieu de publication.

A. — Monopole portant sur les lettres seulement.

Le monopole de cette sorte est la règle dans les pays

suivants: Grande-Bretagne et la plupart de ses colonies, Italie, Pays-Bas, Suède, Norwège, Siam, Japon, Etats-Unis.

Parmi ces pays, l'Angleterre présente pour nous un intérêt considérable, non pas tant au point de vue des règles actuelles du monopole qu'au point de vue de son développement historique, à cause de l'analogie existant entre l'histoire postale de ce pays et la nôtre.

Quant aux autres pays cités, nous retiendrons plus particulièrement les Etats-Unis pour exposer leur législation relative au monopole.

Angleterre.

La poste anglaise, comme les postes de la plupart des pays, ne fut à l'origine qu'une institution destinée à l'usage exclusif du souverain. Il est difficile de déterminer l'origine de la poste royale; étant donnés les besoins auxquels elle correspondait, elle a dû être organisée de bonne heure. Sous Henri Ier, sous le roi Jean la cour employait des messagers qu'on appelait *nuntii*. Sous Henri III ces messagers portent la livrée royale. Ils se servaient de leurs propres chevaux et quelquefois des chevaux du roi, ou des chevaux loués à des particuliers.

C'est seulement sous Edouard Ier que furent établies des stations ou postes où se trouvaient des chevaux de louage; les *nuntii* cessèrent dès lors de se servir de leurs propres chevaux ou d'en louer à des particuliers et durent s'adresser aux maîtres de postes.

Cette organisation fut perfectionnée par Edouard IV. En 1481, étant en guerre avec l'Ecosse, afin de se tenir en relations suivies avec sa capitale, il forma un système régulier de postes, consistant en relais de chevaux et de messagers tous les 20 milles.

Par ce moyen le roi recevait et transmettait ses dépêches avec une rapidité très grande, ses courriers atteignant une vitesse de 70 milles par jour.

Cependant ce ne fut point là l'organisation définitive. La paix conclue, ce système de relais tomba en désuétude, pour ne revivre qu'en cas d'urgence. Ce fut là d'ailleurs le caractère des postes avant Henri VIII.

Quant à leur usage, il est à présumer que, malgré leur caractère d'institution destinée à l'usage du souverain, les particuliers purent s'en servir. On a en effet plusieurs lettres privées de l'époque d'Edouard II paraissant avoir été portées par les *nuntii* et portant écrits au dos ces mots : *Haste ! post, haste !*

Mais cet usage par les particuliers, étant donnés les rapports rares entre pays éloignés et le but de l'institution elle-même, dût être exceptionnel et ce n'est point encore que nous trouverons une poste destinée au public.

Avec Henri VIII la poste reçut une organisation régulière et permanente. Ce roi fit pour la poste anglaise ce qu'un siècle auparavant Louis XI avait fait en France : il créa sur les principales routes du royaume des relais destinés à fournir des chevaux à ses courriers. Cette branche des services royaux fut confiée à sir Brian Tuke, maître général des postes. Il dut veiller à ce que, même là où il n'était pas établi de postes, les courriers royaux ne manquassent pas de chevaux, et c'était probablement là sa fonction à l'origine.

Ces chevaux étaient fournis par les administrations locales (*townships*) que le maître des postes était chargé de rappeler à leurs devoirs. En certaines villes il paraît y avoir eu des chveaux constamment prêts : à Leicester, par exemple, les membres de la municipalité s'engageaient à tenir constamment prêts quatre chevaux pour l'usage du souverain. Mais ce ne fut pas là une règle générale.

Là où il n'y avait pas de chevaux fournis volontairement les magistrats et les constables avaient le droit d'en réquisitionner partout où ils pouvaient en trouver.

Le lien étroit entre les postes et le souverain, leur usage réservé au service du roi persistèrent encore longtemps après Henri VIII. En 1572, un maître des postes de la reine Elisabeth, Thomas Randolph, rend compte de sa charge pendant les cinq dernières années et dans le détail qu'il donne, aucune poste n'est mentionnée sans un qualificatif l'identifiant avec un service royal : poste journalière de Sa Majesté, poste pour le service et les affaires de Sa Majesté, poste pour le temps de voyage de Sa Majesté, poste pour porter les lettres de Sa Majesté et celles de son conseil, etc.

Les premières réglementations du service des postes en Angleterre datent du règne de la reine Elisabeth. Chaque station de poste devait posséder et tenir constamment prêts à partir deux chevaux au moins avec un équipement convenable. Il devait y avoir aussi deux bâches de cuir par station. Tout courrier devait être muni d'une corne pour sonner chaque fois qu'il rencontrait quelqu'un et quatre fois par mille. La vitesse était fixée à 7 milles l'heure en été et 5 milles en hiver. L'adresse des paquets transportés ainsi que le jour et l'heure de la réception devaient être soigneusement inscrits sur un livre tenu à cet effet.

Quels étaient les paquets transportés ainsi par la poste ? Les instructions ne visaient que ceux concernant les affaires du souverain ou de l'Etat. Quant aux autres correspondances elles devaient être traitées comme quasi-lettres (*bye-letters*). Cela signifie probablement que ces lettres devaient être transmises quand et comme il serait possible mais que la poste n'était pas faite pour les prendre. Cette façon de voir est confirmée par un ordre du règne suivant disant que ni paquets ni lettres, sauf ceux concernant le service du roi, ne devaient circuler par la poste. Mais quelle que soit la signification exacte du terme, il semble bien indiquer que, même sous le règne d'Elisabeth, les lettres autres que les lettres d'Etat avaient commencé d'être envoyées par l'intermédiaire des postes et que de telles lettres n'étaient pas absolument exclues du service.

Le transport des lettres du souverain n'était pas le seul objet que devaient à l'origine remplir les postes. Ce fut tout d'abord pour le transport des messagers du roi que furent établis les relais de chevaux ; puis l'usage en fut accordé à toutes personnes voyageant pour les affaires du souverain. Les deux fonctions de la poste coexistèrent longtemps, et l'histoire complète de la poste devrait comprendre l'histoire des moyens de locomotion, l'histoire du voyage.

Il n'est pas douteux que ce fut comme moyen de voyager, et non comme moyen de correspondre, que fut d'abord utilisée la poste par d'autres que ceux voyageant pour le service du souverain. Au xvie siècle, écrire était le fait d'un nombre de personnes relativement restreint, alors que beaucoup de personnes pouvaient avoir besoin de voyager. Les moyens de voyager en tant qu'ils constituaient un système organisé étaient aux mains du souverain ; c'était aux frais du souverain et pour son usage propre que les relais de chevaux étaient créés, et c'était seulement au souverain que les administrations locales (*townships*) étaient tenues de procurer des chevaux en l'absence de relais.

Il était donc naturel que les particuliers cherchassent le moyen de se servir de cette organisation et de profiter de ses avantages. Il se produisit ainsi ce que nous avons vu se produire sous l'Empire Romain : nombreux furent les gens qui prétendirent voyager pour le souverain, alors que c'était pour leurs affaires personnelles, et se procurèrent l'usage des chevaux des postes royales où réquisitionnèrent des chevaux des particuliers.

Un abus en entraîna d'autres: les chevaux étaient fréquemment surchargés et obligés de parcourir à des allures trop vives des distances considérables ; en outre, il n'était pas rare qu'on oubliât de les payer.

Dès son avènement au trône, Jacques Ier publia une ordonnance destinée à mettre un terme à ces abus. On ne devait reconnaître comme voyageant pour affaires d'Etat que ceux qui seraient porteurs d'une commission spéciale signée par un des principaux officiers de la couronne. L'allure que ne devait pas dépasser un cheval était fixée à 7 milles par heure en été et à 6 milles en hiver; le relai suivant ne pouvait être dépassé sans le consentement du propriétaire. La charge du cheval, outre le cavalier, ne devait pas excéder trente livres.

Le tarif à payer par les personnes voyagant par poste munies d'une commission spéciale était fixé à 2 1/2 d. par cheval et par mille, plus 4 d. pour le guide; et le paiement devait être fait d'avance.

Cette ordonnance contenait une disposition importante donnant aux maîtres de la poste aux chevaux le droit exclusif de louer des chevaux aux voyageurs.

Dès cette époque on distingue déjà deux sortes de postes : 1° *thorough post*, destinée au transport des voyageurs ; 2° *post for the packet*, poste régulière à relais fixes destinée à transporter les lettres du gouvernement et aussi les dépêches des ambassadeurs.

Une nouvelle ordonnance (1609) interdit à toutes personnes non dûment autorisées par le maître des Postes de recueillir, transporter ou distribuer les lettres des particuliers.

L'effet de ces ordonnances fut que, sauf sur les routes où n'existaient pas de postes, aucune lettre et aucun voyageur ne pouvaient passer d'un point du royaume à un autre sans être soumis au contrôle du gouvernement. Et ce contrôle était la vraie raison de l'établissement du monopole. La raison n'en pouvait être dans le désir de la part du gouvernement de se réserver le revenu procuré par le transport des lettres : ce revenu en effet n'existait pas ; et même en 1609, l'année où fut établi le monopole, l'entretien des postes se chiffrait pour la couronne par une perte de 3.400 liv. st. par an, perte accrue par la création de toute nouvelle poste.

Le but primitif du monopole, le but d'ailleurs avoué et proclamé, était de donner à l'Etat les moyens de découvrir et de réprimer les conspirations.

Cette notion de la poste est tout à fait contraire aux notions actuelles. Ce fut cependant là le caractère de la poste primitive chez la plupart des peuples et ce caractère persista longtemps : l'existence du *cabinet noir* en fut la manifestation la plus célèbre.

Sous Jacques Ier les lettres à destination de l'étranger étaient ouvertes et lues par des agents de la couronne pour voir si elles ne contenaient rien contre la sûreté du royaume.

Sous le Protectorat, Cromwell et son conseil prirent avantage du monopole de la poste pour la faire servir de moyen policier. Une des ordonnances publiées alors établit que le Post-office doit être maintenu, non seulement parce que c'est le meilleur moyen de transporter les correspondances publiques et privées, mais aussi parce qu'il peut servir à « découvrir et prévenir maints mauvais desseins qui ont été et sont journellement formés contre la paix et la tranquillité de la République, desseins dont on ne peut avoir connaissance que par les lettres missives (1) ».

Il arrivait même que les correspondances des ambassadeurs étrangers étaient violées ; et c'est un fait de ce genre qui motiva de vives réclamations de la République de Venise à qui le gouvernement dut présenter des excuses.

La préoccupation dominante était que la poste ne fut pas utilisée contre l'Etat. C'est ce qui contribua à retarder le développement des postes et qui d'un autre côté conduisit à l'établissement définitif du monopole.

Ce n'est que sous Charles 1er que la poste put sous certaines conditions être utilisée par les marchands et les personnes privées.

1. « The best means of discovering and preventing many wicked designs against the Commonwealth, intelligence whereof cannot well be communicated but by letter of escript ». (W. Lewins, *Her Majesty's Mails*, p. 156).

Vers l'époque où Richelieu et d'Alméras créaient en France la poste moderne, la poste anglaise était réorganisée par Witherings. Nommé « Chief Postmaster » en 1632, il présenta au roi, en 1635, un mémoire sur l'état des postes et sur les réformes à y apporter.

Ce mémoire proposait au roi « l'établissement d'une poste aux paquets (*packet-post*) entre Londres et toutes les parties du royaume pour porter et rapporter les lettres des sujets ». Par l'emploi des postes existantes l'organisation devait être facile et le voyage de Londres à Edimbourg pourrait s'effectuer en trois jours.

Une proclamation royale chargea Witherings d'organiser un service régulier de poste entre ces deux villes pour faire le trajet en six jours aller et retour. Plus tard furent créées des lignes secondaires (*bye-posts*) se reliant à la ligne principale, pour desservir les villes qui ne se trouvaient pas sur cette ligne principale. Le tarif fut fixé à 2 1/2 d. par cheval et par mille.

Constitution du monopole. — Deux ans après (1637), une ordonnance royale établit le monopole du transport des lettres, monopole toujours maintenu désormais dans toutes les réglementations du Post-Office.

Nul messager ou courrier sauf ceux employés par le Chief Postmaster ne pouvait se charger de transporter des lettres. Exception était faite cependant pour les lettres envoyées par l'entremise d'un ami ou par un exprès et aussi pour les lettres adressées en des villes non desservies par la poste. Ces exceptions du reste furent de temps en temps supprimées et le monopole fut à peu près complet.

Cette restriction considérable à la liberté des citoyens apparut comme augmentant la prérogative royale et ne fut pas sans soulever des récriminations.

En 1642 une enquête fut demandée à la Chambre des Communes ; le Parlement à plusieurs reprises fut saisi de la question. Néanmoins le gouvernement qui, outre l'intérêt politique qu'il avait à maintenir le monopole, y trouvait déjà une source de bénéfices (1), fit strictement respecter la loi.

Le monopole de l'Etat fut vivement attaqué par la ville de Londres dont le Conseil communal, en 1649, délibéra d'établir une organisation postale pour les lettres de l'intérieur, en rivalité directe avec la poste royale.

Le Parlement s'y opposa. Mais les autorités de la ville très puissantes nièrent le privilège du Parlement. Quoique pressées de le faire, elles se refusèrent à demander la sanction du Parlement ou de suivre sa direction dans l'exécution de sa mesure.

Des postes furent donc établies par la Cité.

Cette concurrence de fait obligea le Postmaster général à accroître le nombre de ses dépêches, à abaisser ses tarifs. La lutte se continua peu de temps. Le Conseil du Roi saisi de la question décida que : « en l'état actuel l'office de Postmaster est et doit être à la seule disposition et sous le seul pouvoir du Parlement ».

1. En 1650 le revenu des postes était affermé 5000 livres sterling.

Dès lors les postes de la Cité furent entièrement supprimées et le transport des lettres demeura le privilège exclusif de la couronne.

L'opinion publique cependant était opposée au monopole que les autorités de la Cité cherchèrent à battre en brèche chaque fois que se présenta une occasion favorable. Des pamphlets furent écrits à ce sujet ; tel un livre paru en 1659 dont le titre seul indique suffisamment le caractère : *John Hill's Penny Post; or a vindication of the liberty of every Englishman in carrying merchants' and ot hermen's letters against any restraint of farmers of such employment.*

Le monopole avait été confirmé par un *act* de 1656 (*Act to settle the postage of England, Scotland and Ireland*).

Cet act rappelait en même temps deux exceptions au monopole de l'Etat en faveur des corps privilégiés. D'abord en faveur des deux Universités (Oxford et Cambridge) « qui pouvaient user de leurs anciens droits, libertés et privilèges d'avoir des courriers spéciaux pour porter et rapporter les lettres, comme elles faisaient auparavant et comme si cet act n'existait pas ». En Angleterre, comme en France, l'Université, corporation puissante, conservait ainsi le droit d'avoir ses courriers à elle.

Par une disposition semblable furent maintenus aux Cinq Ports leurs droits d'envoyer par des courriers spéciaux leurs dépêches de et pour Londres.

Un statut de Charles II, confirmant aux maîtres de poste le droit exclusif de louer des chevaux aux voyageurs (1), reproduit aussi l'ordonnance relative au transport des lettres (*Statute* 12, Charles II, c. 35). Ce statut très important porte dans l'histoire de la poste anglaise le nom de *Post Office Charter*.

Les progrès du monople de l'Etat ne devaient pas s'arrêter là.

En 1680 fut fondée par un marchand de Londres nommé William Docwray (ou Docwra) la poste locale de Londres destinée au transport et à la distribution des lettres à la fois originaires et à destination de la ville. Cette institution par suite de l'extension de plus en plus grande de la ville et de ses faubourgs répondait à un besoin réel; aussi son succès fut rapide. Le tarif uniformément fixé à un penny la fit appeler *penny-post*.

Le duc d'York, à qui les postes du royaume étaient confiées, vit dans cette entreprise une infraction aux lois sur le monopole. Il ne manquait du reste pas d'autres raisons ou prétextes au gouvernement pour intervenir dans la nouvelle entreprise et pour chercher à la faire rentrer dans les attributions et privilèges du Post-Office.

En ce siècle troublé de l'histoire d'Angleterre la lutte entre les catholiques et protestants prenait toutes les formes; et c'est ainsi que la penny-post fut dénoncée par les protestants comme une manœuvre papiste, comme une

1. Macaulay, *Hist. of England*, vol. I

invention des jésuites, instrument de complots et de trahison.

Aux plaintes d'ordre politique s'ajoutèrent des récriminations d'ordre économique. Les porteurs de la ville se plaignirent de ce que leurs intérêts étaient lésés et pendant longtemps ils arrachèrent les affiches annonçant l'innovation au public. Mais ce qui probablement attira le plus l'attention du Post-Office sur la penny-post ce fut son succès même et l'espoir de bénéfices à réaliser en l'accaparant.

Les prétentions du gouvernement furent portées au Banc du Roi dont un jugement (1682) décida que l'entreprise de Docwray était contraire aux droits du Post-Office et que la dite entreprise avec ses profits et avantages devait devenir partie intégrante de l'administration des postes royales. Docwray fut même condamné pour la forme à des dommages-intérêts peu élevés. Peu après ce jugement (vers 1684 ou 1685) la penny-post fut en effet organisée comme établissement royal sous le nom de *London district Post*, mais ne fusionna avec la General Post que beaucoup plus tard, en 1854.

Docwray dépouillé du profit de son invention fut, par compensation, nommé, sous les ordres du duc d'York, Contrôleur de la District Post.

A la fin du XVIIe Siècle le monopole du gouvernement porte donc et sur la grande poste et sur la petite poste ou poste locale. Il fut souvent difficile à l'Etat d'en faire respecter les règles. Par suite de l'élévation et du caractère souvent arbitraire des tarifs, le transport illicite des lettres se faisait sur une large échelle; les ordres fréquents donnés en vue de rechercher ces infractions nous en sont une preuve. (1)

La législation actuelle du monopole postal en Angleterre a pour base le statut de la reine Anne de 1710, ainsi intitulé: *An act for establishing a General Post-office in all Her Majesty's dominions, and for settling a weekly sum out of the revenue thereof for the service of the war and other Her Majesty's occasions.*

Ses principales dispositions furent maintenues par l'act de 1837.

La législation actuelte du monopole postal en Angleterre. — « Le Postmaster Général nommera les principaux fonctionnaires, et ni lui, ni leurs agents ou employés, ni autres personnes quelconques ne pourront, ni accidentellement, ni de façon régulière, recevoir, prendre, classer, expédier, envoyer, transporter ou délivrer autrement que par poste ni lettres ni paquets de quelque nature que ce soit. »

Par paquets on entend paquets de lettres. C'est donc seulement les lettres c'est-à-dire les correspondances actuelles et personnelles qui fond l'objet du monopole.

Remarquons que la loi interdit de s'immiscer dans le service postal non seulement par métier ou profession, mais aussi de façon accidentelle.

1. H. Joyce. *The history of the Post-office*, passim.

A cette interdiction il y a cependant certaines exceptions prévues par les acts de 1710 et de 1837 :

a). — Lettres confiées à des amis particuliers allant en voyage qui s'en chargent par pure obligeance ;

b). — Pièces de procès ou de procédure provenant des cours de justice ;

c). — Lettres concernant des marchandises transportées par des messagers ordinaires, lorsque ces lettres sont transportées avec les dites marchandises, délivrées avec elles, sans salaire, récompense d'aucune sorte ;

d). — Lettres concernant la cargaison des navires et délivrées en même temps que celle-ci.

Quant aux lettres venant du dehors elles peuvent être portées par des navires privés, mais doivent être remises aux fonctionnaires des postes aux ports d'arrivée. Un act de 1761 punit d'une amende de 20 liv. st. tout patron de navire qui ne se conforme pas à cette prescription.

Tel est le monopole du Post-Office Anglais se limitant aux lettres et paquets de lettres.

Dans ses attributions rentre aussi le transport des journaux, des livres, des échantillons de marchandises, etc., mais sans privilège exclusif, cette partie de ses attributions pouvant être exercée par quiconque veut l'entreprendre.

Au point de vue du fonctionnement du service il y a une remarque intéressante à faire. La poste anglaise estime avec raison qu'elle doit donner plus particulièrement ses soins aux objets dont elle a le transport exclusif. C'est pourquoi les journaux, livres, échantillons ne doivent pas entraver le transport et la distribution rapides et réguliers des lettres; et, quoique cela ne se pratique guère les postmasters sont autorisés à surseoir à l'envoi des objets autres que les lettres pendant un délai n'excédant pas 24 heures au delà du temps ordinaire, si les circonstances et le bon fonctionnement du service l'exigent.

Le Postmaster Général du Royaume-Uni n'a pas autorité sur les administrations postales des colonies (sauf Gibraltar et Malte). Celles-ci ont, quant au monopole des règlements qui diffèrent parfois notablement de ceux de la métropole. C'est ainsi par exemple qu'il n'existe pas de monopole de la poste dans les colonies de Lagos et Sainte-Lucie ; qu'au contraire le monopole englobe tous les objets de correspondance en général dans la Nouvelle-Galles du Sud, le Queensland, les Bermudes.

Cependant le Canada et la plupart des colonies de l'Angleterre ont relativement au monopole des règles semblables à celles de la métropole : l'Etat n'a un privilège exclusif qu'en ce qui concerne les lettres.

Les offices postaux du Japon et de Siam organisés d'après les principes anglais ont aussi restreint leur monopole aux lettres, avec des exceptions relatives : aux lettres transportées par un ami ou un exprès, aux lettres de commission (*consignees letters*), lettres se rapportant exclusivement aux marchandises avec lesquelles elles voyagent.

Même règle et mêmes exceptions dans le royaume des PAYS-BAS ; mais sont en outre exceptées du monopole les lettres dont le poids dépasse 500 grammes.

En SUÈDE, il n'y a monopole de l'Etat qu'en ce qui concerne les lettres. Et encore la loi permet-elle à l'administration d'autoriser l'établissement d'entreprises privées de transport de lettres ou cartes postales entre localités non desservies par le service des postes. Ces autorisations, révocables, sont soumises à des prescriptions particulières pour la garantie des droits du public.

D'après des règles semblables est établi le monopole en NORWÈGE.

La poste d'ITALIE a renoncé en 1873 au monopole des journaux périodiques. Lors de la discussion de la loi du 26 juin 1873 on déclara que l'Etat étant impuissant à protéger l'intégralité de son droit, il paraissait plus conforme à la dignité du gouvernement d'abandonner le monopole au lieu de le maintenir sans en pouvoir assurer la parfaite exécution (1).

Le monopole de l'Etat comprend donc aujourd'hui (loi de 1889) le transport par terre et par mer et la distribution des correspondances épistolaires : lettres et plis, cartes postales, cartes-lettres.

L'article 2 de la loi déclare formellement qu'il n'y aura pas contravention au monopole dans le fait par un particulier de transporter une lettre s'il n'y a pas intention de

1. DELMATI., *Legislazione postale.*

lucre. La loi italienne est là parfaitement en accord avec l'idée moderne du monopole postal : ce monopole a pour but un service public et non une perception fiscale.

Les personnes punissables sont celles qui par entreprise régulière créeraient une concurrence réelle au service de la poste.

La peine encourue par les contrevenants est une amende égale au décuple de la taxe établie sur les correspondances internes ou internationales non affranchies, de manière que la somme ne soit pas inférieure à 5 lire. En cas de récidive on peut ajouter jusqu'à 3 mois de prison.

Si le contrevenant est employé des postes, l'amende est augmentée d'un tiers, et il peut être infligé de 15 jours à 6 mois de prison.

Etats-Unis.

Le monopole postal, comme d'ailleurs les autres institutions de ce pays, n'a pas une longue histoire. Il n'est pas, comme en France, en Angleterre et dans la plupart des pays de l'ancien continent, le résultat d'une évolution à phases diverses.

On ne trouve pas aux Etats-Unis la poste comme moyen de gouvernement, ainsi que nous l'avons vue en France sous Charlemagne, sous Louis XI et ses successeurs, ainsi que l'Angleterre l'a connue avec Cromwell.

Elle n'y fut jamais considérée comme une ressource fiscale. Mais son établissement et son organisation furent motivés par des raisons d'intérêt social. L'étendue du territoire, la dispersion des habitants, la création de nouveaux centres de population constituèrent pour le service de la poste des difficultés considérables. Les avantages de la poste se sont traduits aux Etats-Unis par les facilités données aux transactions commerciales, mais nullement par une augmentation des recettes fiscales. C'est encore aujourd'hui un des rares pays où le service des postes ne fait pas ses frais. Cette situation nous paraît d'ailleurs mieux en accord avec la notion moderne du service de la poste que la situation des pays ou les produits des taxes postales laissent à l'Etat un bénéfice.

Le monopole de l'Administration des Postes des Etats-Unis a, il est vrai, un domaine assez restreint : il comprend le transport des lettres et *packets* (paquets contenant des correspondances personnelles), c'est-à-dire le transport des objets postaux de la 1re classe (1).

Contraventions et pénalités. — Il est interdit à toute personne d'établir aucun exprès privé pour le transport des lettres ou *packets*, d'organiser leur transport par courriers réguliers, partant à périodes fixes, sur aucune route postale qui est ou pourrait être établie par la loi ;

1. Aux Etats-Unis la matière postale est divisée en quatre classes :

1° Ecrits : lettres, cartes postales et toute matière écrite à la main en totalité ou en partie ;

2° publications periodiques ;

3° imprimés divers ;

4° marchandises.

(*act of March* 3, 1879).

il est de même interdit d'organiser ce transport de ou pour les villes ou localités pour lesquelles la poste fait régulièrement le service.

Toute personne qui enfreindra ces prescriptions ou qui se rendra complice de l'infraction sera passible par chaque contravention d'une amende de 150 dollars.

Sous la même sanction il est interdit de transporter les personnes agissant en qualité d'exprès. La loi déclare responsables les maîtres de relais, les directeurs de compagnies de chemins de fer, les patrons et capitaines de navires, etc.

Quiconque transmettra par exprès privé ou par tout autre moyen illégal des lettres ou *packets*, les confiera pour être transmis à cet exprès illégal, les déposera ou fera déposer pour lui être remis, sera passible pour chaque contravention d'une amende de 50 dollars.

La même amende de 50 dollars punit le fait de prendre, recevoir, porter les lettres autrement que par la poste.

Il est défendu (sauf les exceptions ci-après) à toute diligence, voiture de chemin de fer, à tout navire faisant régulièrement des trajets à des époques fixes sur les routes postales, ou entre des villes ou lieux entre lesquels la poste est régulièrement établie, de transporter toutes lettres ou paquets. En cas de contravention le propriétaire du véhicule sera passible d'une amende de 100 dollars ; et le cocher, conducteur, maître ou autres personnes chargées de la conduite et qui ne sont pas propriétaires en tout ou en partie du véhicule seront passibles d'une amende de 50 dollars.

A bord d'un navire transportant la poste personne ne peut transporter des lettres packets sous peine de 50 dollars d'amende.

Tout navire arrivant dans un port doit livrer au bureau de poste le plus proche les lettres dont il serait porteur. Une amende de 100 dollars punit l'infraction à cette prescription.

Exceptions au monopole. — *a*). — Toute personne peut recevoir et transporter au plus prochain bureau de poste toute correspondance régulièrement affranchie.

b). — Il n'y a pas contravention au monopole de la poste dans le fait d'employer des personnes privées non rémunérées pour le transport des lettres et packets.

c). — Il est permis aussi d'employer des messagers spéciaux pour une circonstance déterminée.

d). — Sont exclues du monopole les lettres et packets concernant et accompagnant des marchandises transportées soit par navire, soit par voiture ou wagon de chemin de fer; de même une lettre d'avis concernant une valeur transportée.

Sont enfin exclues du monopole de la poste : les lettres renfermées dans des enveloppes timbrées, si la valeur du timbre-poste couvre le port qu'exige la poste pour le transport. Ces lettres peuvent être expédiées, transportées et distribuées par tous autres moyens que la poste. Mais elles doivent remplir les conditions suivantes : l'enveloppe doit être cachetée de manière à être mise hors d'usage lorsque la lettre sera retirée ; elle doit porter l'adresse du destinataire, la date de la lettre, de la transmission ou de la réception. L'administration postale de l'Union est toujours libre de suspendre l'effet de cette exception si l'intérêt public paraît l'exiger.

Recherche des contraventions. — Les maîtres de poste doivent signaler au Directeur général des Postes les contraventions au monopole qu'ils pourraient découvrir ou dont on les aviserait avec tous les détails qu'ils peuvent recueillir.

Quant aux perquisitions il y a une distinction à faire entre celles qui ont pour objet les navires et celles qui sont faites sur les voitures :

La recherche des lettres sur les navires peut être faite soit par tout agent du Post-Office délégué par le Potmaster General, soit par le receveur ou tout autre officier des douanes sans instructions spéciales.

En ce qui concerne les voitures : le Postmaster General peut, par lettre d'autorisation signée de lui, donner pouvoir à un agent de son administration de faire des perquisitions en vue de rechercher des objets postaux transportés en violation de la loi. Le fonctionnaire ainsi autorisé peut ouvrir et perquisitionner toute voiture, tout véhicule, passant ou ayant déjà passé en un lieu où existe un bureau de poste, et vérifier tout colis, toute caisse etc. étant ou ayant été dans cette voiture. Il peut aussi perquisitionner dans tout bâtiment, *autre qu'une maison d'habitation*, employé ou occupé par un courrier public ou une compagnie de transport, partout enfin où cet agent a des raisons de croire que peuvent se trouver des objets postaux trausportés en violation du monopole de l'administration postale.

Les lettres saisies soit par un agent des douanes, soit par un agent du Post-Office, doivent être transmises au plus prochain bureau de poste. Les échantillons ou paquets dans lesquels sont trouvées des lettres illégalement transportées sont saisis et confisqués au profit du Trésor, sans préjudice des poursuites contre les délinquants.

Quant aux lettres elles-mêmes elles peuvent être retournées aux envoyeurs ; sinon, on en disposera selon les instructions données par le Postmaster General.

Tribunaux compétents. — Il y a compétence concurrente des tribunaux des Etats et des tribunaux de l'Union lorsque l'amende ne doit pas dépasser, y compris les frais, la somme de 2000 dollars.

Mexique.

Le monopole de l'administration des postes porte sur les objets dits de la 1re classe (1), c'est-à-dire la correspondance écrite, avec quelques exceptions : lettres par exprès,

1. 1re *classe*: correspondance écrite ; 2e *classe* : publications périodiques ; 3e *classe* : autres imprimés ; 4e *classe* : objets divers.

pièces de procédure, correspondances échangées entre points qui n'ont pas de service de poste. Ce qui caractérise la législation postale de ce pays c'est la sévérité de la sanction.

Contraventions. Pénalités. — Celui qui établirait une entreprise destinée au transport ou à la distribution des objets soumis au monopole serait passible d'une amende de 50 à 1000 pesos et de un à vingt mois de prison.

S'il y a deux ou plusieurs personnes associées dans l'entreprise, chacune d'elles sera punie de ces mêmes peines.

Les personnes qui sciemment aident à la réalisation de ces entreprises en leur confiant leurs correspondances ou qui contribuent à rendre effectif le transport que ces entreprises ont pour objet, seront punies d'une amende de 25 à 100 pesos et de quinze jours à deux mois de prison.

Toute personne qui, sans organiser une entreprise proprement dite, transporte sur une route postale ou entre des localités desservies par un service de poste, des objets soumis au monopole sera punie d'une amende de 25 à 100 pesos et de quinze jours à deux mois de prison.

En cas de récidive les peines édictées seront portées au double.

Tous les employés des postes tant de la Fédération que des Etats doivent rechercher les contraventions. Mais la répression est de la compétence des tribunaux fédéraux.

(*Codigo postal de los Estados Unidos Mexicanos*, tit. I, cap. II; tit. X).

B. — Monopole portant sur les lettres et sur d'autres objets de correspondance.

Un assez grand nombre d'administrations postales ont, avec le monopole des lettres, celui d'une ou plusieurs autres catégories de correspondances.

a). — Lettres et manuscrits : Danemark.

b). — — et documents judiciaires : Portugal.

c). — — et journaux : Allemagne, Autriche, Espagne, Luxembourg.

d). — — circulaires et imprimés : Belgique, Grèce, Egypte.

e). — — journaux et imprimés : Bulgarie.

f). — — journaux et paquets fermés de moins de 5 kilos : Suisse.

g). — — et objets de messagerie de faible poids : Russie.

Certaines de ces administrations ont des règles du monopole assez spéciales pour que nous donnions quelques détails, ainsi le Danemark, l'Autriche, etc.

L'Allemagne présente surtout de l'intérêt au point de vue historique, à cause du monopole qu'a longtemps conservé dans ce pays une entreprise privée, la maison de Thurn et Taxis.

Danemark

L'administration des postes danoise a le monopole du transport :

Des lettres missives ;

Des lettres de voiture ;

Des manuscrits et des imprimés contenant de l'écriture à la main (quel que soit leur poids);

Du papier monnaie et de la monnaie courante lorsque ces objets sont fermés ou placés sous enveloppe fermée.

A ces règles générales qui régissent le monopole de l'Etat il y a des exceptions remarquables. Il est permis de faire transporter autrement que par la poste les objets énumérés ci-dessus :

1° Lorsque la poste ne peut à la date du dépôt effectuer le transport dans le même espace de temps ;

2° Lorsqu'aux lieux d'origine et de destination il n'existe pas de service postal de distribution ;

3° Les compagnies de chemin de fer, de navigation, toutes entreprises de transports peuvent faire usage de leur matériel d'exploitation pour le transport des correspondances relatives à leurs entreprises, échangées entre les directeurs et leurs agents ou vice versâ, ou entre l'un de ces agents et un autre.

4° Il est permis de transporter des lettres pour son propre compte, d'employer à ce transport les personnes de la famille ou de la domesticité, d'en charger un exprès.

5° Une exception au monopole, que nous avons signalée aux Etats-Unis, permet d'employer au transport des correspondances tout autre moyen que la poste, à la condition que ces correspondances acquittent la taxe au profit de l'administration des postes.

Il est un cas où l'administration fait abandon de la moitié de la taxe au profit de la personne qui fait le transport. C'est lorsqu'un navire quitte un port danois à une heure permettant aux correspondances de parvenir à destination plus tôt que par l'intermédiaire de la poste. Au port d'arrivée l'envoi est transmis et délivré au bureau de poste avec déclaration de provenance. La moitié de la taxe de ces envois préalablement affranchis est bonifiée au patron du navire qui a fait le transport.

La poste locale n'est pas en principe l'objet d'un monopole. Cependant à Copenhague et dans les grandes villes il faut la permission de l'administration pour établir des boîtes aux lettres, créer des postes urbaines ou des bureaux pour le transport et la distribution des lettres ; la même permission est nécessaire aux postes urbaines existantes pour créer de nouveaux bureaux, installer un plus grand nombre de boîtes.

Portugal.

La loi du 7 juillet 1880, qui règle les attributions du

service des Postes, Télégraphes et Phares du royaume de Portugal, détermine le monopole de l'Etat. Nous signalerons seulement son monopole relatif à l'établissement, l'administration et l'exploitation des lignes télégraphiques et de tous moyens acoustiques, pneumatiques pour la transmission rapide des correspondances ; et le monopole de l'établissement des phares, balises etc. sur les côtes et dans les ports.

En matière plus spécialement postale, l'Etat a le monopole du transport :

1° Des lettres missives ;

2° Des documents judiciaires ;

3° De toute correspondance sous enveloppe quelle qu'en soit la nature.

Le monopole de l'administration comprend en outre la fabrication, l'émission et la vente des timbres-poste, mandats postaux, enveloppes et bandes timbrées et de tout papier, quelle qu'en soit la forme, portant le timbre postal ou télégraphique.

Sont exceptés du monopole :

a). — Les lettres de recommandation et les manuscrits ouverts que les particuliers peuvent transporter ou faire transporter par des personnes à leur service ;

b). — Les lettres ayant déjà subi les droits postaux ;

c). — Les lettres à destination d'un bureau de poste ;

d). — Les lettres affranchies présentées au bureau de poste d'origine pour être frappées du timbre à date ;

e). — Les lettres portées par des particuliers dans l'enceinte de chaque ville;

f). — Les moyens de communication rapide, soit postaux, soit télégraphiques, employés à l'intérieur des habitations ou des établissements industriels.

En outre par autorisation spéciale du gouvernement les particuliers peuvent établir des lignes télégraphiques et autres moyens de communication rapide destinés exclusivement à leur service. Ils pourront aussi être autorisés à établir des phares, balises, etc., à leurs frais.

Contraventions. Pénalités. — Celui qui sans autorisation aura reçu en dépôt des lettres pour les distribuer ou les expédier sera punissable d'une amende de 10 à 30 milréis.

Le transport de lettres ou documents judiciaires non affranchis est punissable d'une amende égale au sextuple de la taxe qui aurait frappé ces correspondances non affranchies. Seront considérés comme n'ayant reçu aucun affranchissement les lettres ou documents judiciaires revêtus de timbres non oblitérés par le bureau d'origine.

La même amende sera encourue par le capitaine, patron, matelot, passager qui au moment de la visite de la douane ou du service de santé ne remettraient pas les lettres apportées.

Une amende de 50 à 100 milréis sera infligée au capitaine ou patron de navire qui à l'arrivée au port de destination ou d'escale ne remettra pas les dépêches à lui confiées, sauf le cas de force majeure. (*Carta de lei apro-*

vando a organisaçâo do serviço telegrapho-postal et de pharoes, 7 de julho 1880).

Allemagne.

Nous avons vu, dans notre bref résumé de l'histoire des postes en France, comment Charlemagne avait créé, pour faciliter les relations du souverain avec ses provinces,des services postaux et comment ces services,avec ses successeurs, tombèrent rapidement en désuétude. Il en fut de même en Allemagne où la bienfaisante organisation de Charlemagne disparut sans laisser de traces.

Cependant le moyen-âge connut des établissements de poste d'origine et de caractère différents. Ce furent « des établissements de messageries (*Boten-Anstalten*) fondés en partie par l'Etat et en partie par des corporations commerciales, scientifiques ou politiques et entretenues aussi par des entreprises privées. Quelques-unes étaient absolument indépendantes, principalement ces dernières et par conséquent, n'avaient que des moyens restreints. Le but essentiel des autres était de perfectionner les moyens de correspondance. Voilà pourquoi il y avait des établissements de messageries appartenant aux princes et d'autres aux Universités, à l'Union des Hanses et aux congrégations religieuses » (1).

1. H. von Stephan, *Geschichte der Preussischen-Post*, Berlin, 1859, (cité par E. Gallois, *La Poste*).

Ces services, organisés de manière aussi régulière que le permettait l'état de la civilisation à cette époque, furent employés par les souverains qui leur accordaient protection et aussi par les particuliers eux-mêmes.

L'établissement régulier et définitif d'une poste publique en Allemagne remonte au XVIe siècle et est dû à la maison de La Tour et Taxis (Thurn und Tassis) qui organisa les postes, non seulement en Allemagne, mais encore en Italie, en Espagne, aux Pays-Bas, etc.

Cette famille était d'origine milanaise, et son nom primitif était Tasso. Certains auteurs italiens assurent qu'à une branche de cette famille appartenait Torquato Tasso, l'immortel auteur de la *Jérusalem Délivrée*. D'autres la rattachent aux princes Della Torre de Milan.

Quoi qu'il en soit, le premier que mentionne l'histoire de la poste est Roger de La Tour et Taxis créateur de la première poste aux chevaux entre le Tyrol et l'Italie.

Son fils Francesco de La Tour et Taxis reçut de l'empereur Maximilien (1493-1519) la mission d'organiser les postes impériales. L'entreprise privée devenait donc institution publique. Et, chose remarquable pour l'époque, elle fut destinée tant au transport des dépêches impériales que des correspondances privées (1).

Ce fut en effet à cette condition que Francesco se char-

1. « Non tanto per comodità delli principi e signori quanto per comune utilità di tutti ».

OTTAVIO CODOGNO, *Nuovo itinerario delle poste per tutto il mondo*; Venezia, 1628. (Cité par DELMATI, *Législ. post.*)

gea du transport gratuit des dépêches des services de l'Empereur.

Ce fut en second lieu à la condition qu'il conserverait pour lui et pour ses descendants le monopole de l'institution.

C'est ainsi que fut créé en faveur d'une entreprise privée un monopole qu'elle exploitera pendant longtemps et qui sera un puissant auxiliaire de la maison d'Autriche.

Maximilien étant par son mariage devenu souverain de la Bourgogne et des Pays-Bas conféra pour ces pays le privilège de l'exploitation des postes à La Tour et Taxis (1516). Léonard, fils de Roger, reçut de Charles-Quint le titre de Directeur Général des postes de l'Empire (*Ober-Postmeister des Deutschen Kaiserthums*).

Les Flandres possédaient avant Charles-Quint une poste assez irrégulière qu'on appelait la Poste des bouchers (*Metzger-Post*) parce qu'elle avait été créée par cette corporation. Cette poste entra dans le privilège de La Tour et Taxis, mais lui échappa ensuite en même temps que les Flandres échappaient à l'Espagne.

Le monopole lui échappa aussi pour l'Espagne à l'avènement de Philippe II qui, ne régnant plus en Allemagne, ni dans une partie des Pays-Bas, « pouvait avoir plus d'une raison de ne pas laisser aux mains d'une famille étrangère le monopole des postes en Belgique et surtout en Espagne ».

Mais en Allemagne la maison de La Tour et Taxis reste très puissante, conserve et augmente ses privilèges ;

l'empereur Rodolphe lui accorde l'exercice du droit régalien (1595). Cependant « déjà commençait contre ce monopole la lutte qui devait rendre à la plupart des Etats jaloux de la maison d'Autriche leur indépendance. Le Palatinat, le Wurtemberg, la Saxe, le Brandebourg et le Mecklembourg avaient profité du relâchement des liens politiques pour établir des services de Postes sur leurs propres territoires. La querelle se mêle aux débats qui préparent la guerre de Trente ans. Ces Etats refusent de reconnaître le monopole. L'empereur Mathias confère de nouveau solennellement la direction des postes impériales, à titre de fief héréditaire, au prince Lamoral de La Tour et Taxis. Le traité de Westphalie donne une place à la solution de ces difficultés tant elles devenaient importantes » (1).

L'archiduché d'Autriche, la Hongrie, la Bohême eurent une organisation distincte, car en 1637 un baron de Paar reçoit à titre de fief la maîtrise des postes de cette partie des possessions impériales (2).

La Révolution ébranla fortement le privilège des La Tour et Taxis. Maintenu nominalement à la paix de 1815, il fut successivement racheté par la plupart des Etats Allemands. Des indemnités considérables, des terres et des seigneuries furent accordées à la maison de La Tour et Taxis en échange de son monopole.

1. A. DE ROTHSCHILD, *op. cit.*, p. 191-192.

2. HERVÉ-THÉVENARD, dans le *Dict. général de la politique*, de MAURICE BLOCK, v° *Postes*.

Ce monopole depuis l'unification de l'Allemagne est exercé par l'Etat.

Parmi les pays faisant partie de l'Empire d'Allemagne, la Bavière et le Wurtemberg ont conservé leur propre service postal avec des timbres-postes spéciaux. Cependant en matière de législation sur les privilèges de la poste et des télégraphes les décisions sont prises par le Département des Postes de l'Empire (*Reichs-Postamt*). En matière de monopole postal il n'y a donc qu'une seule règle pour tout l'Empire Allemand.

Le monopole de l'Etat porte :

1° Sur les lettres cachetés, cousues ou fermées de toute autre manière. — Sont assimilées aux lettres fermées les lettres ouvertes, expédiées dans des paquets cachetés, cousus ou fermés de toute autre manière.

2° Sur les journaux politiques paraissant plus d'une fois par semaine. Exception est faite pour les journaux de l'espèce destinés à circuler dans un rayon de deux milles autour de leur lieu de publication.

Autriche

La poste en Autriche a le monopole du transport : 1° des lettres cachetées ou fermées de toute autre manière et en général de toutes communications manuscrites fermées ; 2° des publications périodiques quelle qu'en soit la nature et quel qu'en soit le contenu lorsque l'édition remonte à moins de six mois ; 3° le transport des voyageurs.

Il n'est pas défendu à un particulier de faire transporter des lettres ou des publications périodiques soit par une personne de sa famille ou de celle du destinataire, soit par un intermédiaire expressément commis à cet effet, à condition que cet intermédiaire ne fasse pas métier de recueillir et transmettre des correspondances pour le compte d'autres personnes.

Ne sont pas soumises au monopole les correspondances de service des Compagnies de chemin de fer ou de navigation lorsqu'elles sont transportées par le personnel de ces Compagnies.

N'y sont pas soumises non plus les publications périodiques expédiées en caisses ou ballots d'au moins 2 kilogs à l'adresse d'un seul destinataire et ne contenant pas d'objets soumis au monopole adressés à d'autres destinataires.

En ce qui concerne la poste locale (lettres nées et distribuables dans une même localité), il est seulement interdit de créer des établissements particuliers de distribution dans les localités où il existe déjà un bureau de poste de l'Etat (1).

La poste Autrichienne a entre autres attributions le transport des voyageurs pour lequel elle a, non un monopole proprement dit, mais des privilèges spéciaux. C'est ainsi qu'il est défendu d'établir des entreprises pour le transport des voyageurs dans leurs propres voitures, avec

1. L'administration des postes d'Autriche comprend deux sortes de bureaux : les bureaux d'Etat(*ärarische Postämter*) gérés par des

relais de chevaux, sur les chaussées où sont établies des stations de poste et même sur les chaussées qui, par voie détournée, pourraient servir à éviter les stations de poste.

Le service postal de Hongrie a une organisation semblable à celle du service postal Autrichien ; les règles du monopole sont à peu près les mêmes.

Provisoirement les dispositions législatives relatives au monopole postal en Autriche et en Hongrie sont également applicables en Bosnie-Herzégovine.

Dans le Grand-Duché de Luxembourg, comme en Allemagne, le monopole porte seulement, outre les lettres, sur les journaux politiques. Exception est faite pour les journaux distribués par l'éditeur dans la localité même de leur origine et pour les journaux réunis en paquets de 1 kilog. adressés à un seul destinataire.

Au sujet du monopole postal de la Belgique, il n'y a qu'une observation intéressante à faire au point de vue de la sanction. Les contraventions sont punies d'une amende de vingt-six à trois cents francs. Cette peine peut être réduite en cas de circonstances atténuantes.

Les infractions au monopole postal ne sont pas de celles pour lesquelles sont admises les circonstances atténuantes dans la plupart des législations. En général c'est un

employés de l'Etat; les bureaux privés (*nicht ärarische Postämter*) gérés pour le compte de l'Etat par des agents appelés maîtres de poste qui n'ont pas le caractère d'employés de l'Etat.

droit de transaction accordé à l'Administration qui en tient lieu.

Ce droit de transaction est remplacé en Egypte par le droit accordé au Directeur général des Postes d'infliger directement l'amende à ceux qui contreviendraient aux règles du monopole; cette amende est égale à dix fois le prix d'affranchissement de l'objet transporté en fraude. (*Décret khédivial du* 1er *avril* 1879, IV).

Il est peu de législations qui, hors le cas de récidive, punissent de prison les contraventions au monopole postal. Nous avons signalé déjà la législation du Mexique. En Grèce il existe une sanction analogue : les contraventions sont punies d'une amende de 50 à 200 drachmes ou d'un emprisonnement de 3 jours à 6 mois; en cas de récidive il est fait application de l'art. 111 du code pénal.

Le transport des objets de messagerie effectué par un grand nombre d'administrations postales n'est l'objet d'un monopole de l'Etat que dans quelques rares pays :

En Russie le monopole postal s'applique aux lettres, aux envois sous bandes et aux objets de messagerie avec ou sans valeur déclarée.

En Suisse, l'administration postale a le monopole du transport des lettres, des journaux, exception faite pour les publications périodiques paraissant en Suisse et à l'étranger et pour les journaux Suisses que l'éditeur fait distribuer et mettre en vente par des personnes désignées à cet effet.

L'administration a en outre le monopole du transport des envois fermés de toute espèce ne dépassant pas le poids de 5 kilogs ; à moins que le transport ne soit fait par le propriétaire lui-même ou par une personne qu'il en a spécialement chargée ; à moins encore que ce transport ne soit fait à titre gratuit et par simple complaisance. Cette dernière exception ne peut toutefois être appliquée aux employés des entreprises de transports, ni à ceux dont la profession est de faire des courses ou des commissions.

Sont considérés comme *fermés* ou cachetés, dans le sens de la loi sur le monopole, tous les envois fermés au moyen de cachets, de ficelles, de clous, de colle, de couture, de serrure et en général emballés de telle manière qu'on ne puisse retirer leur contenu qu'en rompant ou en déchirant l'enveloppe ou l'emballage, soit en l'ouvrant au moyen de clefs ou d'autres instruments.

Il est interdit de réunir sous un seul et même emballage plusieurs envois, fermés ou non, qui séparément ne pèsent pas plus de 20 kilogs et qui sont destinés à plusieurs personnes différentes. Les infractions à cette prescription sont considérées et punies comme contravention à la régale des postes. (*Loi fédérale sur les les taxes postales du 26 juin 1884*).

Les fonctionnaires de l'administration des Postes sont chargés de veiller à la sauvegarde du monopole.

Ils peuvent réclamer au besoin le concours des autorités cantonales pour découvrir, constater et faire cesser les contraventions. La loi du 2 juin 1849 (art. 6) prévoit les amendes encourues par les contrevenants.

C'est le Département des Postes et Chemins de fer qui est compétent relativement aux contraventions au monopole entraînant une amende de 50 fr. au minimum.

Vu par le président de la thèse,
F. LARNAUDE

Vu : le Doyen,
GLASSON

Vu et permis d'imprimer :
Le Vice-Recteur de l'Académie de Paris
GRÉARD

TABLE DES MATIÈRES

INTRODUCTION

I. — Les attributions de la poste. 5

II. — Le monopole postal 1

PREMIÈRE PARTIE

Histoire du monopole postal.

CHAPITRE I

Antiquité.

(Les postes chez les Perses, les Egyptiens, les Grecs. — Les postes Romaines) 19

CHAPITRE II

Les postes en France avant Louis XI.

(Les postes sous Charlemagne et ses successeurs. — La poste privée au Moyen-Age. — Les messagers de l'Université) . 37

CHAPITRE III

La poste en France de Louis XI à Richelieu.

(La poste de Louis XI. — La royauté et les messagers de l'Université. — La poste sous Henri III et Henri IV). . . . 46

CHAPITRE IV

La poste française depuis Richelieu.

(Richelieu. Louvois. — Les arrêts de 1681. XVIIIe siècle. — Arrêté du 27 prairial an IX). 60

DEUXIÈME PARTIE

Législation du monopole postal en France.

CHAPITRE I

Objet du monopole.

I. — Dépêches expédiées pour le service de l'Etat 75

II. — Correspondances des particuliers :

A. — Lettres 78

B. — Paquets et papiers 80

Exceptions (Sacs de procédure, papiers de service des voituriers, etc.) 83

CHAPITRE II

Contraventions au monopole.

I. — Par qui la contravention peut être commise :

A. — Des personnes qui peuvent transporter des lettres sans être en contravention. 101

B. — Des personnes dans le cas de commettre la contravention 106

II. — Actes constituant la contravention 114

III. — De la petite poste (Historique. Discussion du monopole. Poste restante privée. Boîtes de commandes) . . 124

CHAPITRE III

Recherche, constatation et répression des contraventions.

I. — Recherche et constatation des contraventions :

(1. Des personnes ayant qualité pour faire les perquisitions. — 2. — Des personnes soumises aux perquisitions. — 3. Des personnes sur lesquelles les perquisitions sont défendues. — 4. Conditions d'exercice du droit de perquisition. — 5. Des procès-verbaux de perquisition) 130

II. — Répression des contraventions :

(1. Droit de transaction accordé à l'Aministration. — 2. Des poursuites judiciaires. — 3. Pénalités. — 4. Responsabilité. Bonne foi. Complicité. Prescription). 148
Observation relative aux colonies 154

TROISIÈME PARTIE

Le monopole postal dans les pays étrangers.

I. — Absence de monopole. 155
II. — Monopole général (Turquie, Roumanie, etc.) 156
III. — Monopole plus ou moins étendu 158
A. — Monopole portant sur les lettres seulement. . . 159
Angleterre (historique et législation actuelle) . . 160
Etats-Unis 177
Mexique 182
B. — Monopole portant sur les lettres et sur d'autres objets de correspondance. 184
Danemark, Portugal. 185
Allemagne (historique : La Tour et Taxis). . . . 189
Autriche, Luxembourg, Belgique, Egypte, Grèce, Russie, Suisse. 193

V. Giard & E. Brière, Libraires-Editeurs, 16, rue Soufflot, Paris.

www.ingramcontent.com/pod-product-compliance
Ingram Content Group UK Ltd.
Pitfield, Milton Keynes, MK11 3LW, UK
UKHW020953230726
13923UKWH00007B/285